图书出版产业之
中日比较

图書出版産業の
中日比較

田　雁◎著

社会科学文献出版社

SOCIAL SCIENCES ACADEMIC PRESS (CHINA)

目　　录

第三篇　交流

第一篇

现状

第一章
中国图书出版业的现状

经历了改造、调整以及"文革"之后的中国图书出版业，在走向改革开放后的 34 年的时间里，进入了一个令人叹为观止的高速增长时期。在这 34 年间，图书的品种增加了近 24 倍，总印数增加了 1 倍，图书的销售额则增加了 102 倍。也在这 34 年间，中国的图书出版业实现了对日本的超越。到 2011 年，中国共有出版社 580 家，制作出了 207506 种新书，图书销售额为 653.59 亿元。

一 最为美好的时代

如果就中国图书出版业目前的数据而言，这无疑是一个最为美好的时代。随着中国经济的高速发展，从 20 世纪 70 年代末起，中国的图书出版业进入了一个高速增长的时期。从 1978 年到 2011 年，图书品种由 14987 种增加到 36.9 万种，总印数由 37.7 亿册增加到 77.05 亿册，图书纯销售额也从 9.30 亿元增加到了 653.59 亿元（参见图 1-1）。与此同时，出版社的数量也逐渐增加到了 580 家，拥有各类书店 16.8 万余家。

正是因为有这样出色的增长前提的存在，国家新闻出版总署非常乐观地将"十二五"（2011~2015 年）时期图书出版的指标确定

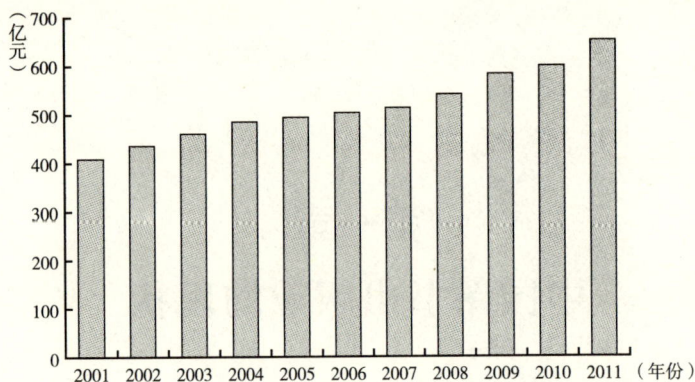

图1-1　2001~2011年中国图书出版销售额

资料来源：本图根据历年《中国出版年鉴》及新闻出版总署有关资料
制作。

为图书品种由32.8万种增加至41.9万种（年增长率为5%），图书
总印数由71.7亿册增加到79.2亿册（年增长率为2%）（参见表
1-1）。

表1-1　"十二五"时期图书出版业发展主要指标

指　　标	单位	2010年	2015年	年均增长（%）
图书出版品种	万种	32.8	41.9	5
图书出版总印数	亿册	71.7	79.2	2
人均年图书拥有数量	册	5.3	5.8	1.5

资料来源：本表根据新闻出版总署有关资料制作。

二　蹉跎岁月

回顾新中国的图书出版业，大致可以分为五个时期，可以说走
过了一段极为蹉跎的历史岁月。

1. 1949~1957年的社会主义改造时期

这一时期的基本特征是没收国民党政府出资的出版社为国有，

并对私营图书出版社进行社会主义改造。与此同时，成立了国家出版总署，并确立国家图书出版事业发展的基本方针："为人民大众的利益服务"。

1950 年，全国共有图书出版社 211 家，其中私营图书出版社就有 184 家。经过这一阶段的社会主义改造，截至 1957 年底，全国图书出版社调整为 103 家（其中，中央级 55 家，地方级 48 家）（参见表 1 - 2），虽有一些老牌的私营出版社如商务印书馆、中华书局、三联书店这时依然挂着公私合营的招牌，但已经为国家所控股。

表 1 - 2　1949～1957 年图书出版统计

年份	出版社（家）	出版品种（合计）	出版品种（新出）	总印数（万册）
1949	—	8000	—	10500
1950	211	12153	7049	27463
1951	385	18300	13735	70330
1952	426	13692	7940	78565
1953	352	17819	9925	75421
1954	167	17760	10685	93913
1955	96	21071	13187	107914
1956	97	28773	18804	178438
1957	103	27571	18660	127545

资料来源：本表根据中国出版网有关资料制作。

这一时期，出版的主要图书有马克思、恩格斯、列宁、斯大林及毛泽东的著作，如人民出版社出版的《毛泽东选集》第 1 卷（1951 年）、《斯大林全集》第 1 卷（1953 年）、《马克思恩格斯全集》第 1 卷（1956 年）等；有翻译的苏联作品，如上海永祥印书馆出版的《母亲》（1951 年）、中国青年出版社出版的《牛虻》（1953 年）、人民文学出版社出版的《当代英雄》（1956 年）；有政治宣传读本，如东北人民出版社出版的《共产党员基础知识读本》（1951 年）、云南人民出版社出版的《大力准备开展贯彻婚姻法的群众运动》（1953 年）；有新文学作品，如人民文学出版社出版的《铜墙铁壁》（1951 年）、工人出版社出版的《把一切献给党》（1953 年）；
也有一些生活知识类的作品，如上海正气书局出版的《农民实用尺
牍》（1951 年）、益智书店的《怎样认识星宿》（1953 年）等。

　　总体而言，这是一个出版社由私化公，出版物体现政治方向的
时代。

2. 1958～1966 年的调整时期

　　自 1958 年起，由于受"大跃进"的影响，国内的图书出版业
也出现了跃进的势头。反映在图书出版品种上，1958 年，全国图
书出版品种（合计）多达 45495 种，比 1957 年的 27571 种增长了
65%。不过，这些图书中有一部分是质量低劣甚或任意翻印的小
册子，也有一部分是重复出版的撞车选题。如轻工业出版社与无
锡人民出版社出版的《土法炼铁》以及武汉人民出版社、科学普
及出版社和南京人民出版社出版的《怎样使小高炉多出铁》等。

　　"大跃进"之后随着国家经济转入调整期，图书出版业也出现了
低潮。从出版社的数量、出版品种以及总印数等数字的变化来看，
此次调整可以说极为深刻，直到 1966 年都还没能缓过气来（参见表
1－3）。

表 1－3　1958～1966 年图书出版统计

年份	出版社（家）	出版品种（合计）	出版品种（新出）	总印数（万册）
1958	95	45495	33170	238928
1959	96	41905	29047	209186
1960	79	30797	19670	180070
1961	80	13529	8310	101617
1962	79	16548	8305	108526
1963	78	17266	9210	129300
1964	84	18005	9338	170668
1965	87	20143	12352	217100
1966	87	11055	6790	349600

资料来源：本表根据中国出版网有关资料制作。

3. 1967～1976 年的"文革"时期

对国内图书出版业而言,"文革"很快就成为一场文化的大灾难。首先,是出版社的数量以及编辑人数的锐减。据有关方面统计,"1964 年全国共有出版社 84 家,共有职工 8678 人,其中编辑 4391人。到 1971 年,全国出版社仅剩 46 家,职工 4693 人,其中编辑人员仅有 1355 人"。① 其次,毛泽东著作的出版成为幸存下来的各家出版社工作的最重点。据毛主席著作出版办公室统计,1966～1970 年间,全国共出版各类毛泽东著作 42.06 亿册,另出版毛泽东像及单张语录 62.27 亿张,二者总计为 104.33 亿册(张),而同期全国出版的图书只有 129.27 亿册(张)。② 也就是说,这一阶段毛泽东著作等的出版量占了全部图书出版量的 80% 以上,而新书出版品种截止到"文革"结束的 1976 年都没能恢复到"文革"前 1965 年的水平(参见表 1-4)。

表 1-4 1967～1976 年图书出版统计

年份	出版社(家)	出版品种(合计)	出版品种(新出)	总印数(万册)
1967	—	2925	2231	323171
1968	—	3694	2677	250062
1969	—	3964	3093	191150
1970	—	4889	3870	178649
1971	46	7771	6473	242108
1972	51	8829	7395	238919
1973	65	10372	8107	280091
1974	67	11812	8738	298947
1975	75	13716	10633	357625
1976	75	12842	9727	291399

资料来源:本表根据中国出版网有关资料制作。

① 阎晓宏:《新中国图书出版五十年概述》,《中国出版年鉴·2000》,中国出版年鉴社,2001,第 7 页。
② 阎晓宏:《新中国图书出版五十年概述》,《中国出版年鉴·2000》,第 7 页。

4. 1977～1991 年的改革探索时期

这是中国图书出版业改革探索的时期。"文革"之后所迎来的知识的"春天",激发了全社会对知识的追求以及对书籍的渴求。对中国图书出版业而言,这一"春天"的到来,是以重印中外文学名著来揭开帷幕的,以《一千零一夜》、《哈姆雷特》、《儒林外史》、《子夜》为代表的 35 种中外文学名著以每部 40 万～50 万册的数字启版重印,孰料一上市即销售一空。这一时期,一些稍有内涵的新书都能发行数十万册之多。其中,像蒋学模的《政治经济学概论》累计发行 1400 万册,韩树英的《马克思主义哲学纲要》累计发行 500 万册,更是出乎业界的意料,从而推动了新书出版品种的大幅增加。

这一时期,出版社的数量有了显著增加,从 1977 年的 82 家急剧增长到了 1991 年的 465 家,14 年间增长了 467%。与此同时,图书出版总量也在逐年增加,出版品种从 1977 年的 12886 种增长到了 1991 年的 89615 种,14 年间增长了 595%。而且,图书出版业的整体利润也在逐年增加,从 1979 年的社均 64.29 万元/年,增长到了 1991 年的社均 135.03 万元/年。只有图书总印数在 1985 年以后出现了起伏,这表明图书市场的后期扩大遭遇了困境(参见表 1－5)。

表 1－5　1977～1991 年图书出版统计

年份	出版社 (家)	出版品种 (合计)	出版品种 (新出)	总印数 (万册)	出版利润 (万元)
1977	82	12886	10179	330803	—
1978	105	14987	11888	377424	—
1979	129	17212	14007	407178	8293
1980	169	21621	17660	459298	11444
1981	191	25601	19854	557830	15531
1982	214	31784	23445	587903	12045
1983	260	35700	25826	580382	9856
1984	295	40072	28794	624816	13725
1985	371	45603	33743	667328	30657
1986	395	51789	39426	520299	28842

续表

年份	出版社 （家）	出版品种 （合计）	出版品种 （新出）	总印数 （万册）	出版利润 （万元）
1987	415	60213	42854	625210	29676
1988	448	65962	46774	622458	32755
1989	462	74973	55475	586442	46592
1990	462	80224	55254	563626	52491
1991	465	89615	58467	613940	62787

资料来源：本表根据中国出版网有关资料制作。

在此背景下，政府一方面开始加强对图书出版业的宏观掌控，如出版局制定《1978～1985年全国重点科普图书出版规划》（1978年）、文化部制定《1981～1990年全国出版事业发展规划纲要（草案）》（1983年）、出版局制定《全国辞书编纂十年规划》（1986年）等；另一方面，中央宣传部、新闻出版总署于1988年发出《关于当前出版社改革的若干意见》，提出优化选题、调整图书结构、推行社长负责制等八条改革意见，从而推动了出版社由事业化向企业化的初始转型。

5. 1992～2011年的开放时期

之所以将中国图书出版业开放时期的起始年份定在1992年，是因为在这一年，中国加入了《保护文学和艺术作品伯尔尼公约》和《世界版权公约》。这也表现了中国图书出版业在全球化的背景下走向开放的决心。

在这一时期，随着中国经济的持续增长，中国图书出版业虽说在总体上依然保持着良好的增长势态，但同时也出现了图书品种急剧上升、平均印数不断下降，图书成本不断上升、图书利润持续走低，发行折扣越打越大、实体书店不断倒闭，电子书籍异军突起、对外输出遭遇障碍等发展瓶颈。

于是，从1990年代中期起，中国的图书出版业就有了"优化结构，提高质量"的阶段性转移之说。所谓阶段性转移，也即"从以规模、数量增长为主要特征的阶段向以优质高效为主要特征的阶段

转移"。① 而在进入 21 世纪后，中国的图书出版业更采用了改制、资
源整合、股份化、集团化等一系列的市场化改革模式，来寻求新的
增长方式，突破增长的瓶颈。

应该说，通过前期的阶段性转移以及后期的改制、集团化等策
略的实施，在稳定且不断地推动中国图书出版业走向市场的同时，
也保持了图书市场的相对稳定，进而保证了中国图书出版业近 20 年
的稳定增长（参见表 1-6）。

表 1-6　1992~2011 年图书出版统计

年份	出版社（家）	出版品种（合计）	出版品种（新出）	总印数（万册）	出版利润（万元）
1992	480	92148	58169	633750	70130
1993	505	96761	66313	593372	89373
1994	514	103836	69779	600775	80058
1995	527	101381	59159	632179	109623
1996	528	112813	63647	715776	178294
1997	528	120106	66585	730528	255597
1998	530	130613	74719	723859	331686
1999	529	141831	83095	731629	389740
2000	565	143376	84235	62.74（亿册）	52.71（亿元）
2001	562	154526	91416	63.10（亿册）	53.38（亿元）
2002	568	170962	100693	68.70（亿册）	50.88（亿元）
2003	570	190391	110812	66.70（亿册）	—
2004	573	208294	121597	64.13（亿册）	—
2005	573	222473	128578	64.66（亿册）	—
2006	573	233971	130264	64.08（亿册）	—
2007	579	248283	136226	62.93（亿册）	—
2008	579	275668	149988	69.36（亿册）	—
2009	580	301719	168296	70.37（亿册）	74.77（亿元）
2010	581	328387	189295	71.71（亿册）	77.15（亿元）
2011	580	369523	207506	77.05（亿册）	94.20（亿元）

注：总印数的统计口径自 2000 年起由原来的万册改为亿册，出版利润也由原来的万
元改为亿元。

资料来源：本表根据中国出版网以及历年《全国新闻出版业基本情况》有关资料制作。

———————————

① 张凤瑞：《明确定位　深化转移》，《新闻出版交流》1996 年第 1 期。

三　图书出版业的构造

1. 2000 年以来图书出版业的总量分析

2011 年，全国共出版图书 369523 种（初版 207506 种），总印数 77.05 亿册，定价总额达 1063.06 亿元。就在当年，全国销售图书 65.78 亿册，销售总金额为 653.59 亿元。

如果就 2000～2011 年间中国图书出版业的统计数字分析，可以发现，自 2000 年以来，在图书的出版种类、新出版图书种数以及图书总定价、总销售金额方面不断保持着增长的势态；而在图书的总印数以及总销售方面则出现了起伏。在出版利润方面，也表现出了同步增长的势态（参见表 1-7）。

表 1-7　2000～2011 年的图书出版统计

年份	出版品种（合计）	出版品种（新出）	图书总定价（亿元）	总销售金额（亿元）	总印数（亿册）	总销售（亿册）	出版利润（亿元）
2000	143376	84235	430.10	376.86	62.74	70.24	52.71
2001	96761	66313	466.82	408.49	63.10	69.25	53.38
2002	170962	100693	535.12	434.93	68.70	70.27	50.88
2003	190391	110812	561.82	461.64	66.70	67.96	—
2004	208294	121597	592.89	486.02	64.13	67.06	—
2005	222473	128578	632.28	493.22	64.66	63.36	—
2006	233971	130264	649.13	503.33	64.08	64.66	—
2007	248283	136226	676.72	512.62	62.93	63.13	—
2008	275668	149988	802.45	539.65	69.30	67.09	—
2009	301719	168296	848.01	580.99	70.37	63.18	74.77
2010	328387	189295	936.01	599.88	71.71	64.62	77.15
2011	369523	207506	1063.06	653.59	77.05	65.78	94.20

注：其中"出版利润"一栏的资料在 2003～2008 年有缺，或与 2000～2002 年间图书出版业被媒体指责为暴利行业有关。

资料来源：本表根据中国出版网及历年《全国新闻出版业基本情况》有关资料制作。

2. 图书出版业的市场分析

国家新闻出版总署是从 2005 年起对中国图书销售的市况加以细分的。其中，共分为哲学社会科学、文化教育（含教辅）、文学艺术、自然科学、少儿、大中专科教材、中小学教材、其他图书以及期刊、报纸、音像、电子书籍等 12 大类。考虑到期刊、报纸、音像、电子书籍等与图书的区别，这四类在统计中被合并为其他项（参见表1-8）。

表1-8　2005~2011 年图书销售细分

单位：%

年份	哲社	文教教辅	文学艺术	自然科学	少儿	大中专教材	中小学教材	其他图书	其他
2005	6.30	27.70	4.90	6.50	2.70	8.30	37.60	1.70	9.20
2006	6.84	29.79	4.99	7.17	2.64	7.96	37.33	2.19	1.09
2007	7.53	28.38	5.09	7.40	2.94	8.72	34.11	2.88	2.95
2008	7.05	26.84	5.24	7.56	3.29	8.64	33.54	3.43	4.41
2009	8.27	27.49	5.48	7.50	3.71	8.34	31.92	3.42	3.95
2010	6.70	34.06	5.44	6.98	3.88	2.90	32.84	2.06	8.14
2011	6.33	36.98	4.94	4.87	3.07	2.94	34.22	2.61	4.04

资料来源：本表根据历年《全国新闻出版业基本情况》有关资料制作。

由此可以看出，中国的图书市场是一个以教材及教辅书籍为绝对主体的市场，其中，文化教育（含教辅）、大中专科教材以及中小学教材类图书占了 70% 左右的比例，而哲学社会科学、文学艺术、自然科学、少儿等类的图书销售金额只占 20% 左右。也就是说，中国的图书市场主要是靠教材在维系。

如果就开卷公司所提供的全国图书零售市场数据分析，这是一个排除了所有大、中、小学教材销售的图书零售市场，可以发现，在 2012 年，教辅图书的销售依然占据了头把交椅（25.21%），其后依次是社科（18.51%）、文艺（16.95%）、少儿（15.15%）、科技（9.21%）、语言（8.25%）、生活（6.28%）、综合（0.12%）（参见图1-2）。

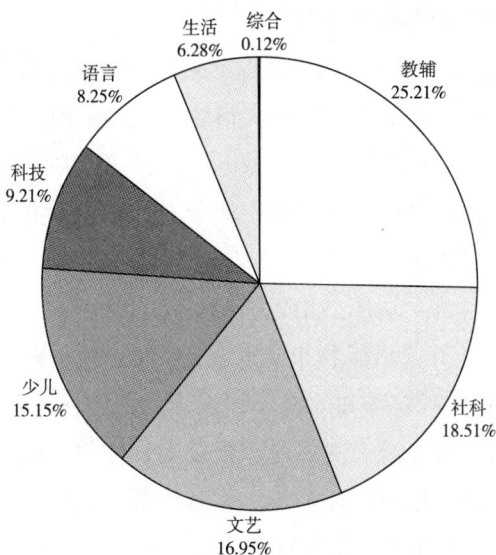

图 1-2　2012 年全国图书零售市场销售示意

资料来源：本图根据开卷公司有关市场统计资料制作。

如果进一步分析 2007～2012 年间教辅图书与学术文化图书的增长情况，还可以发现，与学术文化图书大幅度起伏型的增长相比，教辅图书始终保持着稳定的增长（参见图 1-3）。

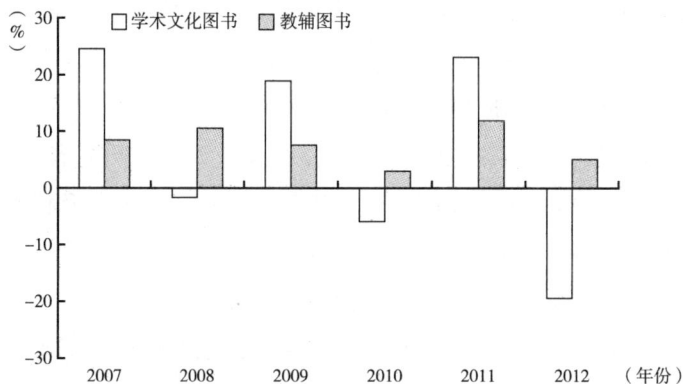

图 1-3　2007～2012 年间教辅、学术文化图书的增长变化

资料来源：本图根据开卷公司有关市场统计资料制作。

3. 图书出版业的销售体制

自 1957 年起，中国图书出版业的销售体制就一直以国营的新华书店为主体，辅之以集体经营的供销合作社。然而，1978 年改革开放以来，随着国家对个体经济的放开，在图书出版领域也开始出现个体书商。不过，这些个体书商主要分布在图书零售业，并没能参与到图书的发行领域。

2003 年可称为中国图书销售体制的改革之年，就在这一年，新闻出版总署修订了《出版物市场管理规定》，开始赋予民营企业以"出版物国内总发行权"和"全国性连锁经营权许可"，北京文德广运发行集团和山东世纪天鸿书业有限公司成为第一批获得图书总发行权以及连锁经营权的民营企业，这意味着"民营发行企业从此获得了国民待遇，和国有图书发行企业站到同一个起跑线上"。①

正是在这样的背景下，中国的图书销售体制中出现了"二渠道"的说法，即图书发行主渠道（新华书店系统）以及图书销售二渠道（民营书商、代理商、连锁店等）。随着时间的推移，二渠道在图书销售领域所占的比例，正不断地稳步上升。而以新华书店系统为龙头的销售主渠道的市场份额，却在不断地下降（参见图 1-4）。

相对于二渠道的扩张，作为主渠道的新华书店系统则成立了全国性跨地域的发行集团——中国发行集团，这是由新华书店总店、中国出版集团外贸总公司、中国图书进出口公司以及国家邮政总局四家共同投资，采取股份制形式的大型图书发行企业，总资产约 30 亿元。而在地方，或是与地方出版社合作，如江苏凤凰传媒集团，就是一个将江苏人民、江苏科技、江苏教育、江苏少儿及译林等出版社与江苏省新华书店糅合在一起的大型企业集团，成为资产和销售收入都超百亿的超强型文化企业。或是在地方政府的主导下，组建省级新华发行集团，以达到资源整合，促进规模效益的形成。这

---

① 《党中央、国务院以及新闻出版总署等国家机关之相关民营书业政策回顾》，《中国新闻出版报》2009 年 5 月 11 日，第 5 版。

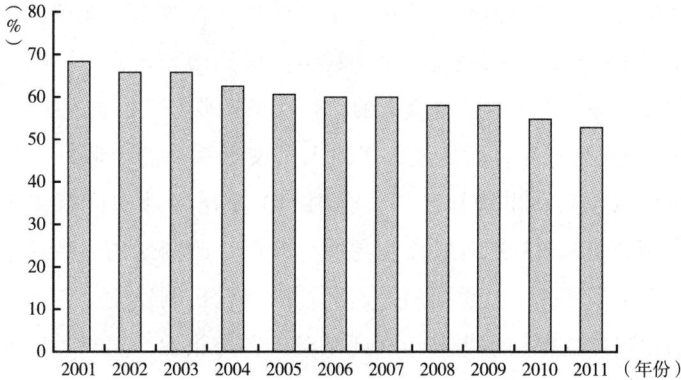

图 1-4 新华书店系统所占全国图书销售市场份额

资料来源：本图根据新闻出版总署公布的历年《全国新闻出版基本情况》有关资料制作。

些显然都是国有图书发行商为了维护自身利益所采取的重大举措（参见表 1-9）。

表 1-9 2011 年中国图书发行十强排名

排名	图书发行企业	排名	图书发行企业
1	四川新华书店发行集团	6	湖南新华书店集团
2	江苏凤凰新华书业控股有限公司	7	河北新华书店有限责任公司
3	安徽新华发行(集团)控股有限公司	8	山东省新华书店集团公司
4	上海新华发行集团有限公司	9	江西新华发行集团有限公司
5	浙江新华书店集团有限公司	10	海峡出版发行集团有限责任公司

资料来源：本表根据《2012 年新闻出版产业分析报告》有关资料制作。

4. 出版社的改制

长期以来，中国的出版社均属事业型编制，享受国家财政拨款，资源也由国家配置。在出版理念上，也往往是重文化影响轻经济效益，普遍缺乏核心竞争力。为了使出版企业与市场、资本、产业接轨，彻底解决市场主体失位的问题，自 2003 年起，在国家文化体制改革的背景下，新闻出版总署开始推动中国图书出版社的改制进程。所谓的改制，即是将原先作为国有事业单位编制的出版社改为企业单位。就在这一年，中国出版集团公司、中国科学出版集团公司、中国电力出版社有限公司等一批中央部委旗下的出版社率先举起了企业改制的大旗。

截至 2010 年底，除各地人民或人民文学系列的出版社、少数民族出版社以及盲文出版社之外，全国 581 家出版社中已有 435 家完成了改制，另有 93 家出版社正在进行改制。改制后的出版社不仅单位身份发生了变化，更重要的是出版社的运营机制发生了变化，产品的市场化程度也得到了提高。在此基础上，与报业、发行、期刊等行业一样，图书出版社也开始掀起组建出版集团的高潮，出现了中国出版集团、凤凰出版集团、湖南出版集团等 29 家大型出版集团。其中，自 2003 年四川新华文轩发行集团在港交所上市以来，全国已有 6 家出版集团以 IPO 和借壳形式进入资本市场（参见表 1 - 10）。

表 1 - 10　2011 年中国图书出版行业十强排名

排名	图书出版企业	排名	图书出版企业
1	江苏凤凰出版传媒集团有限公司	6	山东出版集团有限公司
2	湖南出版投资控股集团	7	中国出版集团
3	浙江出版联合集团有限公司	8	中原出版传媒投资控股集团有限公司
4	安徽出版集团(有限)责任公司	9	广东出版集团有限责任公司
5	江西省出版集团公司	10	河北出版传媒集团有限责任公司

资料来源：本表根据《2012 年新闻出版产业分析报告》有关资料制作。

由此而言，所谓的出版社改制，其本质应该是通过改制来打破行政壁垒，消解计划模式，让生产要素在更大的范围内得到流动，让出版资源在更广阔的空间加以整合，进而在提升产业集中度和市场集中度的基础上形成规模效益。上海外语教育出版社的伊静波将其归纳为"实现系统或区域内出版发行资源的规模效益；实现集团内部资源有效配置；抵御国际传媒集团的冲击"。①

---

① 伊静波：《关于我国出版产业集团化的思考》，《出版科学》2012 年第 4 期。

5. 中国图书市场的畅销书

有人说中国图书市场真正意义上的畅销书的发轫之作为 1995 年人民文学出版社出版的《廊桥遗梦》。从这一年开始，国内图书市场上有关畅销书的榜单便一发不可收拾。

时至今日，中国图书市场上畅销书的榜单是如此五彩缤纷。从榜单看，就有开卷畅销书排行榜、当当畅销书排行榜、京东畅销书排行榜、卓越畅销书排行榜、《中国图书商报》畅销书排行榜、新京报书香榜、新浪中国好书榜以及各省新华书店的排行榜等等。而从类别看，又被细分为十大文学类畅销书、十大少儿类畅销书、十大科技类畅销书、十大虚构类畅销书、十大家庭教育类畅销书、十大职场类畅销书、十大建筑类畅销书、十大管理类畅销书、十大金融类畅销书、十大商业类畅销书等等。虽说每一个榜单都会有某些雷同，但更多的是难以言喻的差别，让人无所适从。

然而，因为这些榜单或者来自图书销售的终端，如当当、京东、卓越还有各省的新华书店，或者取自媒体如《中国图书商报》、《新京报》、新浪网等的社会调查，所以，从近 10 年间十大畅销书的列举中，人们或多或少可以看出中国图书读者阅读倾向的变迁（参见表 1 – 11）。

表 1 – 11　2003 ~ 2012 年中国十大畅销书

2003 年	2004 年	2005 年	2006 年	2007 年	2008 年	2009 年	2010 年	2011 年	2012 年
再见了，可鲁	没有任何借口	兄弟（上）	品三国（上）	新结婚时代	沉思录	朱镕基答记者问	五百年来谁著史	The Power 力量	史蒂夫·乔布斯传
我把青春献给你	细节决定成败	辞海（1999年版）语词分册	兄弟（下）	情书	从头到脚说健康	共和国记忆60年	蚁族:大学毕业生聚居村实录	百年孤独	生如夏花:泰戈尔经典诗选
麻辣"双响炮"	执行力:没有执行力,就没有竞争力	跨过厚厚的大红门	于丹《论语》心得	藏獒	小时代1.0:折纸时代	小团圆	窗边的小豆豆	好妈妈胜过好老师	生命之书:365天的静心冥想

2003 年	2004 年	2005 年	2006 年	2007 年	2008 年	2009 年	2010 年	2011 年	2012 年
我的非正常生活	梦里花落知多少	话说中国	我的名字叫红	会有天使替我爱你	求医不如求己	郎咸平说：谁在谋杀中国经济	解放战争	经济大棋局，我们怎么办	去，你的旅行
拯救乳房	幻城	非人	追风筝的人	梦回大清	丑陋的中国人	窗边的小豆豆	不可思议的年代	不一样的卡梅拉	美国种族简史
闾丘露薇·我已出发	水煮三国	达·芬奇密码	明朝那些事儿	情人杜拉斯	明朝那些事儿（伍）	好妈妈胜过好老师	1Q84	一问一世界	失恋 33 天
陈鲁豫·心相约	那小子真帅	三国演义（连环画）	人生若只如初见	狼图腾	哈利·波特之死亡圣器	喜羊羊与灰太狼系列	最寒冷的冬天	大家都有病	大国航母（第 1 部）
亲历历史	杰出中学生的 14 种能力	碎脸	最后的圣殿骑士	草样年华	货币战争	暮光之城系列	再危机：泡沫破灭时，我会通知你	很老很老的老偏方，小病一扫光	侯卫东官场笔记 7
我们仨	那小子真帅 2	艺术创造论	肖申克的救赎	梦里花落知多少	鬼吹灯之巫峡棺山	金融的逻辑	舒立观察：中国十年之真问题	龙族 2：悼亡者之瞳	革命逸史（全三册）
今生今世	狼的诱惑	名医忠告	风之影	左耳	马未都说收藏：家具篇	不抱怨的世界	赵俪生高昭一夫妇回忆录	看懂世界格局的第一本书	蔡康永的说话之道

资料来源：本表根据百度历年中国十大畅销书排序资料制作。

纵观中国图书市场 10 年间畅销书的排名，至少有三点可以明确：一是引进版图书总是占有一定的份额；二是只有极少部分的书能够在榜单上出现两次，而绝大部分的书只是在当年畅销；三是纯文学作品在榜单上并不多见。

四　市场发展分析

1. 增长动力

如果就 2001～2011 年间中国图书出版行业总体数据而言，这 11 年依然是一个产业不断扩张、利润不断增长的时期。图书的年销售额从 2001 年的 408.49 亿元增长到 2011 年的 653.59 亿元，增长了 60.00%；总利润也从 2001 年的 53.38 亿元增长到 2011 年的 94.20 亿元，增长了 76.47%。然而，仔细分析就可以发现，这种增长主要是建立在书价提升与资源推动的基础之上的。

书价的提升起始于 20 世纪 90 年代，尤其是在 1995 年、1996 年，在总印数同比增长仅为 6% 的情况下，总定价分别增长达 37% 和 42%。进入 21 世纪之后，中国的书价每年依然保持着一个相当的增长幅度。以总印数与总定价之比为例，在 2001 年图书的总印数为 63.10 亿册，总定价为 466.82 亿元，平均每本书的定价为 7.40 元。而到了 2011 年，图书的总印数是 77.05 亿册，总定价为 1063.06 亿元，平均每本书的定价达到了 13.80 元，增幅为 86.49%。也就是说在这 11 年间国内书价的涨幅甚至超过了总利润的增长率（参见表 1-12）。

至于资源的推动，是指对国际版权资源的利用。在这一时期，中国图书版权的引进速度也保持着稳定的增加，从 2001 年的 8250 种，到 2010 年的 13724 种，10 年间增长了 66.3%。国内的一些出版社，如外语教学与研究出版社、商务印书馆、高等教育出版社、清华大学出版社、人民邮电出版社、中信出版社等均充分利用国际版权资源在国内市场上迅速形成规模和品牌。在诸如文学、少儿、计算机、经管等各大专业的畅销书榜上，引进版的图书常常占据大半壁江山。因此，应该说这一时期中国图书出版业的增长，其身后也离不开国际出版资源的推动。

必须指出的是，对中国图书出版业而言，要想保持行业的持续

表 1 – 12　2001 ～ 2011 年图书定价变化

年份	图书总定价(亿元)	总印数(亿册)	平均每本书定价(元)
2001	466. 82	63. 10	7. 40
2002	535. 12	68. 70	7. 79
2003	561. 82	66. 70	8. 42
2004	592. 89	64. 13	9. 25
2005	632. 28	64. 66	9. 79
2006	649. 13	64. 08	10. 13
2007	676. 72	62. 93	10. 75
2008	802. 45	69. 36	11. 57
2009	848. 01	70. 37	12. 05
2010	936. 01	71. 71	13. 05
2011	1063. 06	77. 05	13. 80

资料来源：本表根据中国出版网及历年《全国新闻出版业基本情况》有关资料制作。

增长，仅靠书价提升与版权引进推动是远远不够的。无论是书价的上涨还是版权的引进，都是有极限的。如今民众已经开始对图书的定价颇有微词，在 2009 年举行的第六次全国国民阅读调查中，就有"近半数国民认为当前图书价格'比较贵'或'非常贵'"。同样，引进版图书目前在市场上也已呈现出边际效益递减的趋势。以南京大学出版社所引进的日文版推理小说为例，2009 年出版的小说平均销量为 8000 部，在 2010 年同样作者的作品平均销量只有 6000 部，到了 2011 年甚至不到 4000 部。

2. 增长极限

学生人数的负增长：在中国的图书市场，可以说教材及教辅书籍从过去一直到现在都占据着绝对主体的位置。在 21 世纪初，受中国在 20 世纪 60 年代生育高峰带来的红利影响，小学和初中在校人数分别于 1997 年和 2003 年达到峰值（分别为 13995.4 万人和6690.8 万人），因而造成了庞大的教材及教辅书籍需求，直接或间接地推动着图书市场的增长。然而，受 20 世纪 90 年代起少子化因素的影响，进入 21 世纪以来，我国义务教育阶段在校生不断减少，来自教育部的统计资料显示，"我国小学生在校生规模连续 15 年减少，初中在校生规模连续 8 年减少"（参见图 1-5）。① 毫无疑问，学生人数的减少，势必给今后中国的图书市场带来冲击性影响。

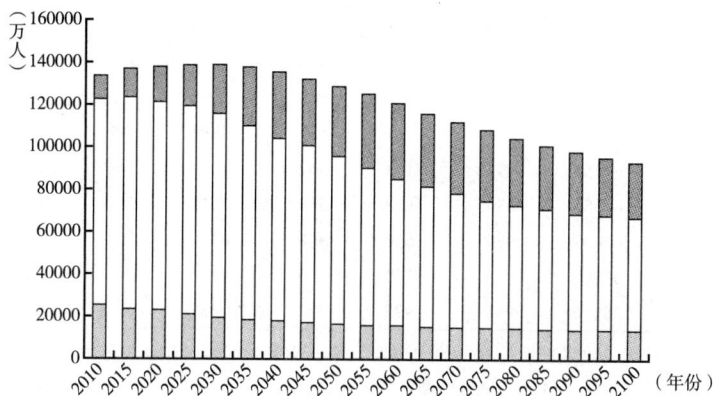

图 1-5　2010～2100 年中国人口变迁预测

注：其中底部深色为儿童人口数，中部浅色为中青年人口数，上部深色为老年人口数。

资料来源：本图根据联合国经济事务局 *World Population Prospects*, *the 2010 Revision* 相关资料制作。

民营实体书店的倒闭：中国的图书销售网点受政策因素的影响，在 2004 年出现了一个大的飞跃（参见表 1-13），这主要是对个人销售网点及民营批发网点的开放所致。但是，从 2008 年起，全国的图书销售网点尤其是个人销售网点开始出现负增长。而在这负增长背后，就是民营实体书店大规模倒闭的现实。从第三极书局、风入松书店、光合作用书房到弘文书局，在不到两年时间里，这些在北京乃至全国都有很大影响力的民营实体书店都陷入了经营危机。

"据北京新华书店首席执行官利建华介绍，从 2007 年到 2009 年，

---

① 《2011 年全国教育事业发展统计公报》，中国教育部网站，http：//www. moe. gov. cn/publicfiles/business/htmlfiles/moe/moe_ 633/201208/141305. html，最后访问日期：2013 年 11 月 18 日。

表 1 – 13 2001 ～ 2011 年全国出版物发行网点统计

年份	网点总数	新华系统	供销社	出版社	其他系统	二级民营	个人零售
2001	74235	13471	11786	627	11903	—	36448
2002	71824	13368	9640	620	12161	—	36035
2003	67356	12867	7731	599	11775	—	34384
2004	139150	11665	4265	549	13718	4687	104266
2005	159508	11897	3200	585	30529	5103	108130
2006	159706	11041	2431	561	29883	5137	110562
2007	167254	10726	2103	562	32016	5946	114965
2008	161256	10302	1868	534	37516	5454	105563
2009	160407	9953	1636	508	38215	5800	104269
2010	167882	9985	1520	462	39264	6483	109994
2011	168586	9513	997	447	36455	7141	113932

注：从表中可以看到，与 2003 年相比较，全国出版物的发行销售网点在 2004 年有了跳跃式的攀升。这正是政策对民营书商开放的缘故所致。2005 ～ 2011 年的总数均不等于分项数字之和，经核，原统计数字如此。

资料来源：本表根据新闻出版总署公布的历年《全国新闻出版业基本情况》统计制作。

中国民营书店已经锐减了 1 万余家之多。"[①] 2010 年，受北京市政府委托，中央财经大学进行的一项关于北京市实体书店发展规划的研究课题显示，当年北京市的实体书店只有 1800 家左右。与此同时，伦敦市拥有书店 2904 家，纽约市有 7298 家，东京市有 4715 家。从人均拥有量来看，北京市平均每万人拥有书店数仅为 1.06 家，而伦敦、纽约、东京和巴黎每万人拥有的书店数分别为 3.87、8.88 和 3.75 家。毋庸置疑，民营实体书店如此大规模倒闭，给中国图书出版的市场前景蒙上了不可磨灭的阴影。因为没有图书的传播与营销，就没有图书出版的未来。

国民图书阅读率的变化：对中国的图书出版业而言，国民的图书阅读率高低，同时也表明了国民对图书购买的一种意愿。由中国新闻出版研究院（原中国出版科学研究所）主持进行的"全国国民

① 姜樊：《我国民营书店 3 年减万余家　业内称系全球性倒闭》，《北京晨报》2011 年 11 月 14 日。

阅读调查"数据显示,1999~2011 年,中国国民图书阅读率发生了一个弧线的变化。先是 1999~2005 年的下滑,后是 2007~2011 年的上升。应该指出的是,时至今日,这种回升仍低于 1999 年初次调查时的数据(参见图 1-6)。另外,根据中国新闻出版研究院 2012 年 4 月发布的第九次全国国民阅读调查,2011 年,中国 18~70 岁国民人均纸质图书阅读量只有 4.35 本,比起韩国的 11 本、法国的 20 本、日本的 40 本要少得多。而且,近年来中国国民人均阅读量一直都在这样的低水平徘徊(参见图 1-7),进而严重影响到了国民的图书购买意愿。

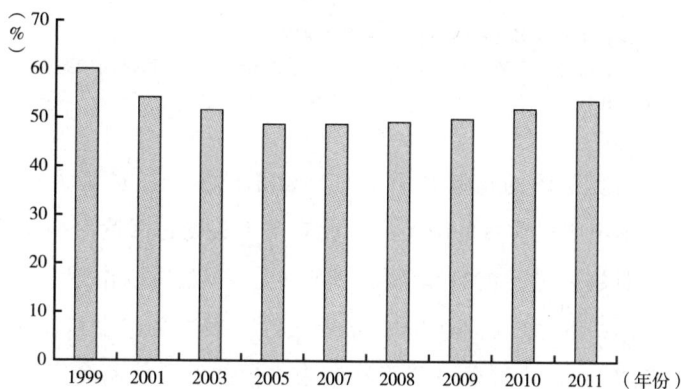

图 1-6 国民图书阅读率变化

注:2007 年前为每两年举行一次,2007 年后则每年举行。

资料来源:本图根据中国新闻出版研究院历届"全国国民阅读调查"资料制作。

3. 滞胀与行政化垄断

中国的图书出版业在经历了 20 多年的高速增长之后,于 2005 年前后进入一个深度调整期。对这样的"深度调整",国内业界有人将其称为"滞胀"。所谓"滞胀",主要表现为"增长主要靠品种扩张拉动,品种上去了,但总销售册数却处于不断下降之势;定价不断上升,但销售收入增长却持续放慢;成本持续上升,利润率一路走低;退货率和库存率不断攀升;单品种销售量和人均利润持续下

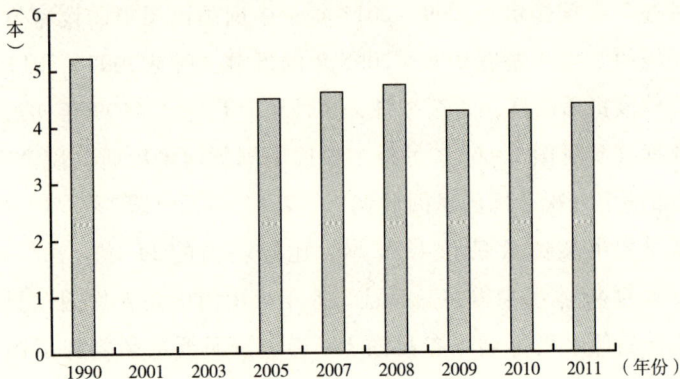

图1-7　国民人均阅读量变化

注：2001 年及 2003 年缺少人均阅读量的统计。

资料来源：本图根据中国新闻出版研究院历届"全国国民阅读调查"资料制作。

滑；作为出版主体的出版社出书总字数不断上升，员工人疲马乏；而作为图书出版界客体的上帝——读者却不买账，阅读率持续下降，人均购书册数裹足不前且呈下降趋势"等。① 之所以出现"滞胀"，有人将原因归纳为出版业市场化的不完全，解释为"整体的商业模式尚未形成"，在这过程中"以利润为主导的经济体制是它的内因；缺乏宏观调控是它的外因"。②

　　在此背景下，也从 2005 年前后起，中国的图书出版业便采用改制、资源整合、股份化、集团化等一系列的市场化改革模式，以期通过企业自身的做大做强，来寻求新的增长方式，以摆脱滞胀的困扰，突破增长的瓶颈。对于这样的改革模式，新闻出版总署给予了高度评价："从全国 27 家出版集团的运营情况来看，净资产的增长快于总资产的增长，重版图书的品种量高于新出版图书的品种量，

① 周蔚华：《也谈中国图书出版业的"滞胀"现象》，《中华读书报》2005 年 4 月 19 日。
② 巢峰：《中国图书出版业的滞胀现象是周期性必然性生产过剩危机吗》，《中国编辑》2006 年第 3 期。

发货码洋高于造货码洋，利润率的增长大于产值率的增长，一般面向市场的图书已占主导地位，品种量超过教辅教材。这说明，新闻出版业调整结构转变发展方式已见成效。"①

然而，必须指出的是，中国图书出版业推行的这些改革，并没有触及产业所特有的行政性垄断。这种垄断主要表现在进入的审批制、书号的配给制以及企业的行政级别等方面。

进入的审批制：1957 年以来，对出版社的建立一直都实行政府审批制。这一审批是相当严格的，除了在改革初期，出版社的总数有过一个较为明显的增长外，从 20 世纪 90 年代起，政府便又收紧了对出版社的准入。在进入 21 世纪后，这种严格的准入可谓有过之而无不及，从 2000 年至 2011 年，12 年间全国出版社总数仅增长了 15 家，也就是说每年只批准 1～2 家出版社进入。至 2012 年，中国仅有出版社 580 家，与美国的 2 万家、日本的 3900 家、英国的 2400 家、法国的 4000 家相比，显得严重不足。而现行的解决出版社数量不足的方式是出版工作室的出现，据称目前中国有各类出版工作室 2000 余家，他们通过与出版社的合作间接地获得出版的权利。

书号的配给制：长期以来，政府对于书号一直采用配给制。从 20 世纪 90 年代起，新闻出版总署通过宏观调控的方式，根据出版社的规模及实力进行书号配给，原则上是一位编辑一年配 5 个书号。进入 21 世纪后，总署在书号的配给量上开始有所放松。对所谓的一级社已经没有了书号量的限制，对于其他社也不再硬性规定一位编辑 5 个书号，并在总量上可以比往年有所突破。书号配给制以及各类出版工作室的存在，导致目前图书市场上出现了书号寻租（卖书号）现象。

企业的行政级别：随着图书出版业改制的展开，虽说目前 90% 的出版社、新华书店都已经转变为公司或企业集团，但是，在各地政府新闻局直接领导下的出版企业仍然享受着相应的行政级别，尤

---

① 柳斌杰：《切实加快新闻出版业发展方式转变》，《中国新闻出版报》2010 年 3 月 1 日，第 1 版。

其是在出版内容行政指导的背景下，企业的一些行为与市场要求间出现了背离。

五　面临的挑战

综上所述，进入21世纪以来，中国的图书出版业在延续着新一轮增长的同时，在制度创新、体制变革、机制转变等方面也已经取得了相当大的进展。具体表现在图书出版的竞争从细分市场的产品覆盖及"跑马圈地"转移到对渠道的争夺；市场扩张模式也由单纯的产品积累转移到上下游组成联盟，实现产品最大限度的覆盖。然而，由于受产业所特有的行政性垄断的影响，中国的图书出版业距真正的图书市场化还存在一定的距离。这主要表现在产业的准入与退出的障碍，书号配给下的寻租，行政垄断下的区域性布局以及产品结构上的高度依赖教材等。

正是由于这种图书市场化不完全的存在，加之"信息技术、数字技术和网络技术革命"的冲击，以及"国际出版巨头直接或间接地进入出版领域"所构成的威胁，如今中国的图书出版业可以说面临着前所未有的挑战。

挑战一，少子化背景下中小学教材发行的改革。中小学教材以及教辅图书可以说是目前中国图书出版业最大的利润来源。然而，从2002年起，在普及义务教育政策的推动下，地方各级教育部门开始对中小学教材进行政府采购，免费供给。由于是政府采购，实行的又是招投标，因而迫使现行的中小学教材中准价下调超过10%。以安徽省为例，在采取发行招标之后，2006～2007年间发行费让利幅度为3.6%，2007～2008年间是3%，2008～2009年间是0.6%。① 在此背景下，加之受近年来受少子化因素的影响，我国中

① 杨烨、白田田、赵晶、李佳鹏：《教材发行改革九年鲜见成效》，《经济参考报》2011年1月13日。

小学在学人数逐年递减，致使教材的单价以及供给总量都有所下滑，进而影响到图书出版的总销售码洋及利润。

挑战二，国民对图书阅读的背离。中国新闻出版研究院主持进行的"全国国民阅读调查"数据显示，2007 年起，中国国民的图书阅读率正在回升。然而，如果与同期的国民数字阅读率加以比较的话，就可以发现，国民数字阅读率的上升势态更为明显（参见图 1 - 8）。

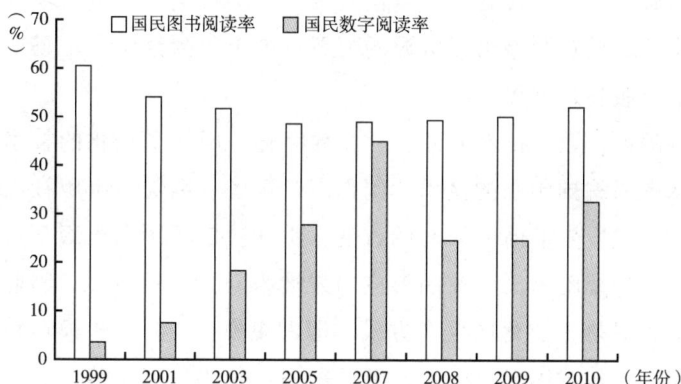

图 1 - 8　国民图书阅读率变化

资料来源：本图根据中国新闻出版研究院历届"全国国民阅读调查"资料制作。

这是因为数字化时代信息量急剧增加，读者不得不加快阅读的速度，而数字阅读恰恰具有更快的数据搜寻和更详尽的解答功能。所谓更快，是因为数字阅读有着网络信息检索的功能，读者可以根据自己的需要，快速寻找出自己需要的数据信息。如在寻找资料时，只要输入几个关键词，就可以马上获得自己需要的资料。这就为读者节省了时间。而所谓详尽，是同一个主题或同一个关键词，通过网络搜寻，马上就能得到数以千万计的相似性归类。

因此，尽管数字阅读依然存在着种种弊端，但是，读者在数字化"更快"、"更多"的旗帜下，依然乐此不疲地寻找着惊喜，以至于大众阅读越来越呈现出"碎片化"的趋势。可以说，这种趋势的发展对图书出版的未来是极为不利的。

挑战三，图书供给市场的膨胀与有效需求间的不足。这关联到图书的出版结构。从目前国内图书出版业的供给来看，图书的品种每年都在大幅递增，但是，市场销售的反映却是图书品种过多过滥，热点图书反应迟钝，畅销图书寿命短暂，长销图书储备不足，引进图书渠道不畅等，进而影响到了读者的有效需求。因此，对于国内图书出版业而言，就有一个以读者的需求为导向，通过市场细分和市场定位，重新调整出版资源的配置，推出得到读者及市场所认可图书的出版整合过程。

挑战四，数字技术的冲击。在数字化、网络平台化的技术推动下，从图书编排印制的技术，到作者、读者、编辑与出版社之间的关系，已经发生了前所未有的改变，由此决定了图书出版今后的变革方向。传统图书出版业的形成与发展得益于工业革命，因此它所体现的也只是工业化的生产方式，即大规模生产、大规模销售及大规模阅读。从载体形式上看，纸质图书出版仍然属于传统的制造产业。但是，在目前它所面临的却是数字化时代的挑战，如储存的数码化、传播的信息化、阅读的电子化。在数字化时代，与电子图书相比，传统图书出版无论在信息储存的量，还是信息传播的速度，甚至在阅读的多元化选择上，都不具备任何的优势。可以说，目前传统图书出版面对的正是这种规模与标准化的工业文明与无穷多元化的信息文明之间的转型时的艰难。

挑战五，外国资本的进入。从中国加入 WTO 那一天起，外国资本的进入就像一柄达尔摩斯剑那样始终悬挂在中国图书出版业的头上。事实上，在加入 WTO 之前，外国出版企业就已经通过各种途径进入了中国图书出版业的零售和发行领域。早在 1995 年，贝塔斯曼集团就与中国科技图书公司合资成立了上海贝塔斯曼文化实业公司，并以贝塔斯曼书友会这样的图书俱乐部形式进入我国的图书零售市场。在加入 WTO 之后，贝塔斯曼集团又与辽宁出版集团合作成立图书发行公司。

挑战六，资源的整合。目前，国内出版业正处于一个极度扩张的状态，出版集团大量涌现，到 2008 年全国就已经有了 24 家出版集团。然而，就这些集团的运作现状而言，究竟是按出版产业的一体化方向，对产业上、中、下游等环节加以整合，以提高运作效率为好，还是以集团的核心资源为中心，通过相关产业和产品的延伸，寻找新的经济增长点为宜？前者以中国出版集团与江西新华发行集团的合作为代表，而后者则以江苏凤凰集团为代表，其方向仍在不断试水之中。

综上所述，对 21 世纪的中国图书出版业来说，不仅需要继续面对制度创新、体制变革、机制转变等方面改革的挑战，以突破增长瓶颈，同时随着全球化、数字化浪潮的推进，还必须积极展开内容创新，探索建立有效的商业模式和盈利模式，积极推进向数字出版转型的步伐。只有这样，才能真正保持图书出版业的持续性增长。

第二章
日本图书出版业的现状

　　日本的图书出版业，在经历了战后初期的恢复、1960～1970 年代的高速增长以及"杂高书低"的 1980 年代后，从 1990 年代后期起转道下行。对此，2001 年小林一博出版的《出版大崩溃》，引爆了人们对日本出版前景的担忧。然而，2000 年代的日本图书出版业，虽然各类数据并不那么好看，但是，在 2011 年，日本国内仍有 3734 家出版社、15061 家书店，出版有 75810 种新书，图书销售金额达 8198.5 亿日元。

一　严峻的前景

1. 从重建、兴旺转向"不况"①

　　在第二次世界大战期间，由于政府方面推出战时新闻出版统制政策以及用纸张配额来迫使不配合政府的出版社"自主废业"，日本图书出版业极为萧条。在大战结束时，日本全国出版社甚至不到 300 家。因此，在战后初期，日本图书出版业面临的是恢复与重建。

　　1950 年代，日本图书出版业在"特需景气"的推动下出现了复苏迹象，至 50 年代末期，图书的出版已经恢复到了战前的水平。不

---

① "不况"在日语中意为不景气、萧条。

过，日本图书出版业的兴旺，应该是伴随着 1960 年代日本经济腾飞开始的。在 1960~1975 年间，日本的图书出版业几乎每年都保持两位数的增长，虽然自 70 年代后半期开始，这种增长的势头开始减缓，但直到 1996 年，依然保持着匀速发展势头。

不过，由于经济持续低迷、出生率降低、电子书的冲击以及国民阅读量的减少等诸多因素的影响，自 1997 年以来，日本的图书出版业即转入长期的低迷状态。从数字上看，图书销售自 1996 年达到创纪录的 10931 亿日元以后，便一路下滑。其间，在 2002、2004、2006 年虽然出现过短暂的恢复，也不过是昙花一现。正因为此，在进入 21 世纪后，日本的图书出版业便被冠上了"不况"行业的头衔。

2012 年依然是前景严峻的一年。就在这一年，日本图书杂志全年的推定销售金额为 17398 亿日元，比 2011 年减少 644 亿日元，降幅为 3.6%。其中，图书销售金额下降了 2.3%，为 8013 亿日元；杂志销售金额下降了 4.7%，为 9385 亿日元。日本出版科学研究所年度报告为此而哀叹："日本的图书杂志销售金额已经连续 8 年下降了。"[①]

2. 不断倒闭的出版企业

对于目前的日本图书出版业而言，"不况"的深刻性不仅表现在"书卖不动"，同时还伴随有接二连三的出版企业的恶性倒闭。根据日本国家数据库所提供的资料，就在 2001~2010 年间，日本出版业破产的资产额超过 1000 万日元的企业中，有印刷厂 1322 家、出版社 438 家、书店 518 家（参见表 2-1）。然而，这只是对大型的出版企业破产的统计，如果加上中小型企业的倒闭，那就难以计数了。以书店为例，据有关资料统计，在这 10 年间，全日本破产的书店甚至高达 10232 家。也就是说，每年都有上千家的书店倒闭。正因为此，从 21 世纪初以来，日本社会才会不断发出"出版大崩溃"这样的哀叹。

[①]　出版科学研究所：《2012 年出版物販売額、1 兆 7398 億円に》，《新文化 online》2013 年 1 月 25 日，http://www.shinbunka.co.jp/news2013/01/130125-01.htm，最后访问日期：2013 年 11 月 18 日。

表 2 - 1　日本出版产业大企业倒闭数统计（千万日元以上规模）

单位：家

年份	出版社	印刷厂	书店
2001	28	125	15
2002	46	138	27
2003	36	114	27
2004	42	128	25
2005	31	102	21
2006	46	112	27
2007	56	136	40
2008	52	139	48
2009	57	174	37
2010	44	154	31

资料来源：本表根据日本国家数据库《2010 特别企画　出版印刷业界破产动向调查》相关资料制作。

对出版业目前所面临的困境，日本《商业》周刊的记者碇泰三是这样认为的："根据统计，日本出版社的破产数最多的年份是 2009 年。此后有所减少，即便在东日本大地震的 2011 年，也没见有大型的出版社破产。不过，到了 2012 年数量又有所增加。在这过程中，出版社的自主废业更令人注目。这一方面是因为企业缺少流动资金，而另一方面是缺少后继的经营者，迫使一些出版社的经营者不得不考虑出售转让企业。不过，比起出版社来更为艰难的是书店。这些年间，中小书店的倒闭数量令人惊讶，据说每年都有 1000 家以上的书店倒闭。"①

3. 并不乐观的前景预测

然而，问题的严重性还不仅于此，就日本出版业的前景而言，无论是业界还是媒体依然都不看好。只要查看最近 10 年图书销售金额的变化就可以知道，日本的图书销售额自 1999 年跌破 1 万亿日

---

① 碇泰三：《出版社、書店、取次不況の実態　新刊の7割が返品、コンビニでも雑誌売れない》，*Business Journal*，2013 年 1 月 5 日，http：//biz-journal.jp/2013/01/post_ 1263. html，最后访问日期：2013 年 11 月 18 日。

元大关后就一路走低，随后又于 2008 年跌破 9000 亿日元的关口，甚至没有任何改善的迹象（参见图 2 - 1）。

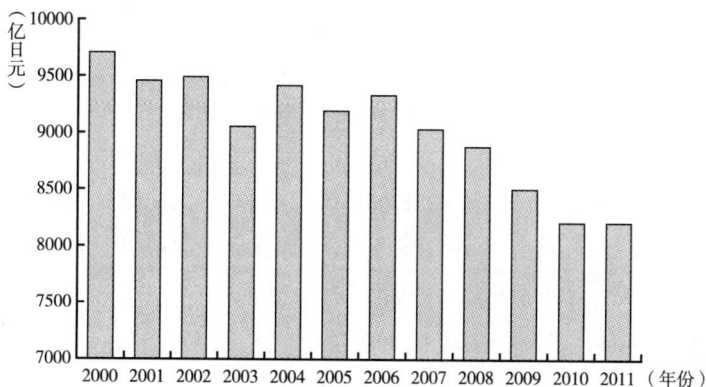

图 2 - 1　2000 ~ 2011 年日本图书销售金额统计

资料来源：根据日本出版科学研究所《2012 年版出版指数年报》有关资料制作。

此外，在日本国家数据库中，列出了 2013 年度"主要业界的天气示意图"，这是一个类似于天气预报般的业界前景示意图，它通过用类似于天气分类的方法，将不同行业的动态分为晴、多云、阴天、小雨、雨、雷雨等不同阶段，以预测其行业的年度前景。其中，日本的出版业被标记为前景最不看好的"雷雨"行业之一，理由是"书籍的电子化进程的快速推进"。[①] 同样，日本矢野经济研究所推测，至 2014 年，日本出版的销售额将会比 2010 年减少 20.5%，为 14900 亿日元。其中，图书的销售额仅为 6700 亿日元，减少 18.4%（参见表 2 -2）。

4. 中日图书出版的差距正在逆转

长期以来，日本的图书出版业作为亚洲的老大，无论是在市场

---

① TDB：《2013 度天気、「曇り」が目立つも改善の兆し》，TEIKOKU DATABANK，
http://www.tdb.co.jp/report/watching/press/pdf/k130201.pdf # search = % E5%
B8%9D%E5%9B%BD% E3% 83% 87% E3% 83% BC% E3% 82% BF% E3% 83%
90% E3% 83% B3% E3% 82% AF + + % E7% 94% A3% E6% A5% AD% E5% A4%
A9% E6% B0% 97% E3% 81% AF´，最后访问日期：2013 年 11 月 18 日。

表 2 - 2　2014 年日本图书销售金额的预测（矢野经济研究所）

	预测销售额（亿日元）	比 2010 年减少金额（亿日元）	比 2010 年减少百分比（%）
图书	6700	- 1513	18.4
杂志	14900	- 3848	20.5
合计	8200	- 2335	22.2

资料来源：根据《2010 年版出版社经营总鉴》有关资料制作。

规模、人员构成方面，还是在图书的内在质量、品种、装帧创新等方面，曾经全面领先于中国的图书出版业。然而，也就是从 1990年代起，两国间图书出版的差距渐次发生逆转。

这一逆转首先显示在图书的种类上。早在 1990 年，中国的新出图书就已经有 55254 种，到 2002 年超过了 10 万种，2011 年则达到了 207506 种。然而，对于日本来说，1990 年新出图书为 38680 种，到了 2011 年也只有 75810 种。

其次，反映在书店的发展数字上。1999 年，中国有国营书店10376 家，其他类型的书店 17707 家，到了 2010 年，中国的国营书店为 9985 家，其他类型的书店为 157897 家。而对于日本来说，1997 年有各类书店 25673 家，到了 2011 年只剩下 15061 家。

最后，表现在图书销售金额上。1978 年，中国图书的销售金额仅为9.3 亿元人民币，1998 年为 398 亿元人民币，2011 年已增长到 654 亿元人民币。而在日本，图书的销售金额在 1998 年为 10100 亿日元，2011 年仅为 8198 亿日元。二者相比较，中日两国图书的销售金额已非常接近。由此而言，如果 2012 年中国的图书销售继续保持增长的势头，而日本持续下滑的话，那么，中日图书出版差距就会出现逆转（参见表 2 - 3）。

表 2 - 3　中日图书市场现状比较

中　国	2011 年底	日　本	2011 年底
市场销售金额	653.59 亿元人民币	市场销售金额	8198.5 亿日元
出版社数量	580 家	出版社数量	3734 家
书店数量	168586 家	书店数量	15061 家

资料来源：本表根据中方新闻出版总署和日方《2012 年版出版指标年报》相关资料制作。

二　曾经的好年华

说起日本战后的出版，在 20 世纪末，越谷和子依据每日新闻社的全国《读书世论调查》结果，以《战后日本人的读书倾向史》为题，从社会学的角度将战后出版的历史划分为六个时期。其中有以文化国家为目标的时期（1947～1950 年），体会到独立解放感的时期（1951～1958 年），世态人情骚动的时期（1959～1964 年），重新评价历史的时期（1965～1967 年），物资丰富后追求心灵的时期（1968～1973 年），度过困难时期（1974～　）。与传统的划分方式不同，论文读来极为生动有趣。但是，考虑到国内读者的理解，在此，我们还是按照年代顺序对日本战后的出版历程加以介绍。

1. 战后初期重建的 1945～1949 年

随着日本的战败，美军在进占日本本土后，对原先的战争体制进行了清算。在图书出版行业，1945 年，出版法、新闻纸法以及出版事业令等一系列旧法令遭到了废止，日本出版会也被勒令解散，由日本出版协会所取代。1946 年，根据占领当局的"公职追放令"，那些在战争期间出任政府职务的出版人则被勒令去职。1948 年，国立国会图书馆成立，并由此开启了图书交纳义务化制度（根据该制度，各家出版社每出版一本书，必须向国会图书馆无偿交纳两本样书）。1949 年，战争体制下图书流通领域的垄断企业——日本出版配给有限公司也被勒令解散。

在此背景下，日本的图书出版行业出现了井喷式的增长。出版社从大战结束时的不到 300 家，猛增到 1948 年的 4581 家。而在日本出版配给有限公司被解散后，大阪屋、日本出版贩卖、东京出版贩卖、日本教科图书贩卖这样的战后日本图书销售主体企业开始得到组建。

由于当时以麦克阿瑟为首的占领当局对战后日本体制的再建尚未有明确的思路，加之当时日本社会对战后日本的走向还不太清楚，这反而成为日本图书出版业的发展良机。用越谷和子的话说："这是出版界只要有纸张到手，无论印出什么书都能卖掉的时代。"

2. "特需景气"下的1950年代

1950年代初期，对日本图书出版行业而言，是一段冰火交加的岁月。一方面是新增的出版社出现了大倒闭狂潮，由1948年的4581家迅速下滑到了1951年的1881家；而另一方面，是图书出版品种的大批量增加（新出图书由1950年的13009种增加到了1952年的17306种）。而这之间的魔幻般的市场之手就是纸张价格的飞涨。为了在降低图书出版成本的同时占领市场，那些幸存下来的出版社开始推出文库版图书。

随着朝鲜战争的爆发，在所谓的"特需景气"① 下，日本图书出版业得到了真正恢复与发展。一方面出现了1954~1955年间的"新书热浪"，以角川新书、河出新书为首，推出了90余种新书；另一方面就在"神武景气"② 时期，日本全国图书及杂志的销售创下了同比增长45.8%的纪录。不过，这一时期也是日本物价高涨的时期，图书价格也随之上涨，新书的平均定价从1951年的232日元/部稳步上升到了1959年的412日元/部。

在此背景下，1957年成立了日本图书出版协会。

3. 高速成长的1960年代

1960年代是日本经济的高速成长期，在政府所得倍增政策的激励下，也出现了社会消费的高速增长。1964年东京奥林匹克大会的举行，更是为经济的腾飞插上了翅膀。在"东京奥林匹克

---

① 特需景气（1950~1953年）：因朝鲜战争爆发，地处朝鲜东邻的日本成为美国的军事基地和作战物资供应地，基于战争的"特需"拉动了日本社会的总需求，这一促进了日本经济发展的特殊历史时期被称为"特需景气"。
② 神武景气（1955~1957年），是指日本在战后以电力工业为中心的建设所掀起的第一次经济发展高潮，也是日本经济高度成长时期的开始。

景气"① 的支撑下，1965～1970 年，日本经济持续增长 57 个月，经济整体增长了 122.8%，工资上涨幅度也达到了 114.8%。

反映在日本的图书出版业，在 1960 年代，经营类书籍得到了狂热的追捧。与此同时，总体图书销售额也出现了大幅增长的势头，从 1964 年的 2000 亿日元一路上扬到 1968 年的 3600 亿日元。必须指出的是，这一时期，图书出版及销售的部数并没有明显的增加。也就是说，在这一时期，图书销售额鲜亮增长的背后，却是图书定价的不断提高，新书的平均定价从 1960 年的 441 日元/部增加到了 1969 年的 1077 日元/部。

4. 石油危机冲击下的 1970 年代

1970 年代初，受 60 年代经济高速增长的牵引，日本的图书出版业依然保持了量价齐增的好势态。就在 1972 年，田中角荣的一部《日本列岛改造论》竟然狂销 85 万册。然而，1973 年开始的石油危机给日本的经济高速增长打上了休止符。与此同时，也使得图书出版业面临前所未有的危机，即由纸张产能不足所引致的价格上涨。随着纸张的价格上涨，图书定价再次出现飞涨，新书的平均定价从 1970 年的 1275 日元/部上升到了 1978 年的 2386 日元/部，短短数年间，其增幅几达一倍。

在此背景下，图书出版业再次掀起了文库本的热浪。其中讲谈社、中央公论社以及文艺春秋社三大社的文库版图书由此发迹。也就在 70 年代，儿童图书特别是儿童绘本开始大量发行，出现了儿童图书的花样年华。

5. "杂高书低"的 1980 年代

所谓"杂高书低"，是指在 1980 年代日本杂志的销售金额渐渐超过了图书的销售金额，这一格局至今都没有得到改观。由于受杂志的冲击，许多日本的出版社开始涉足杂志的出版与销售，就在 1983 年，一年间创刊的杂志社多达 257 家。与此同时，为了应对杂

---

① 东京奥林匹克景气（1963～1964 年），是指日本在 1963～1964 年间由于夏季奥运会的举办而带来的经济高速发展。

志的冲击，出版社再次将出版的重心放在了文库版图书上。据称，在这一时期，各家出版社推出的文库版图书为 300 余种/月，文库版的销售金额也达到了 1000 亿日元/年。

此外，在 1980 年，日本成立了图书书号管理委员会，并从 1981年起开始实施 ISBN 书号管理体系。

6. 泡沫崩溃的 1990 年代

在 1990 年代的前期，日本图书出版业保持了持续增长，其销售收入在 1993 年突破 10000 亿日元大关，于 1996 年达到顶峰，为10931 亿元。然而，由于泡沫经济崩溃的影响，加之人口少子化现象的出现，以及消费税的导入和电子书籍出版的冲击，图书出版业的景况开始转道下行。

必须指出的是，日本是世界上最早开发电子书籍的国家之一。早在 1985 年，日本就已经开发出世界上最早的 CD-ROM 版的电子辞典《最新科学用语辞典》（三修社）。在 1990 年代，CD-ROM 版的电子辞典在日本的图书市场开始普及，甚至作为计算机软件与电脑捆绑销售。与此同时，图书的网络销售也出现了多样化。

7. 负增长的 2000 年代

在 21 世纪的前 10 年，日本图书出版业被冠上了"不况"行业的头衔，持续走低。图书的销售金额从 2000 年的 9705.7 亿日元下滑到了 2010 年的 8213 亿日元。在此期间，业界曾做出诸多的努力，一方面是广泛寻求社会大众对图书出版及活字文化的支持，如通过国会议员投票设立"儿童读书年"（2000 年）、"国民读书年"（2010 年），以推动全国性的读书运动；通过日本文艺家协会等协会组织推动"图书馆畅销书购入"运动（2003 年）；动员超党派国会议员 286 人成立"活字文化议员联盟"，并推出"文化及活字文化振兴法"（2005 年）等。另一方面，则是自身努力寻找包括电子出版的转型、新的销售渠道、图书馆主导的电子化进程，以及自费出版、作家"养成"等多种途径的出路。在这一时期，图书的价格也开始出现下跌，新出图书的平均定价从 2000 年的 2963 日元/部下跌到了 2011 年的 2318 日元/部。

三 图书出版的构造变迁

1. 不断萎缩的图书销售市场

在 1990 年代，日本的图书出版业曾创造过不朽的业绩，图书销售金额在 1993 年突破 10000 亿日元大关后，曾经连续 6 年保持在 10000 亿日元之上，其间，还在 1996 年创下了 10931 亿日元的最高纪录。与此同时，在 1980 年代末至 1990 年代初，日本的图书销售册数也曾有过连续 6 年保持在 9 亿册以上的纪录。

然而，一切的变化似乎都是从 1999 年开始，先是图书销售金额从 1999 年起回落到 9000 亿日元的水准，图书销售册数也从这一年起回落到了 7 亿册的水准。进入 21 世纪以后，景况也没有任何好转，无论是图书的销售金额还是图书的销售册数都在下滑。截至 2011 年底，日本的图书销售金额只有 8198.5 亿日元，图书的销售册数为 70013 万册，都是 1999 年以来的最低纪录（参见表 2 - 4）。

表 2 - 4　2000～2011 年日本图书销售册数及销售金额的变化

年份	图书销售册数（万册）	销售金额（亿日元）
2000	77364	9705.7
2001	74874	9455.8
2002	73909	9489.8
2003	71585	9055.9
2004	74915	9429.4
2005	73944	9197.3
2006	75519	9325.8
2007	75542	9025.8
2008	75126	8878.1
2009	71781	8491.8
2010	70223	8212.9
2011	70013	8198.5

资料来源：本表根据日本出版科学研究所《2012 年版出版指标年报》相关资料统计制作。

2. 不断增加的新书品种和书籍返品率

根据日本出版科学研究所的最新数据，2011 年，新书品种为
75810 种，其中，进入图书批发市场的有 56877 种。因为新书品种不
断增加，在 2011 年，据称每天都有约 280 种新书需要委托书店进行
展示，而书店限于自身的规模面积，无奈之下只能采用减少每本书的
展示时间来应对出版社的需求。结果，每本书展示时间的减少，反过
来又造成了书籍返品率的增加。不过，事实是日本的书籍返品率自
2009 年达到创纪录的 40.3% 之后，在近两年出现了下滑。有分析认
为，一个重要原因是图书的单本印刷数量的减少（参见图 2 - 2）。

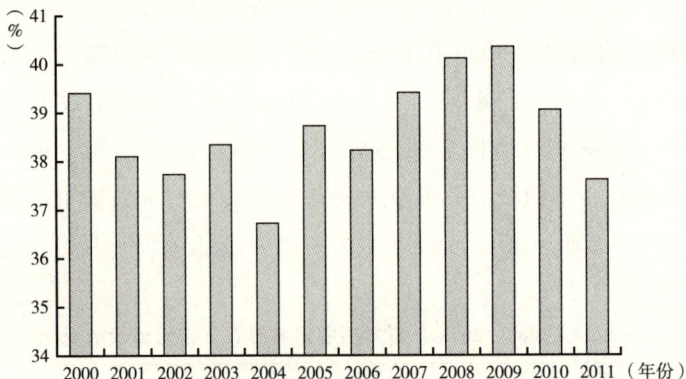

图 2 - 2　2000~2011 年日本书籍返品率的变化

资料来源：本图根据日贩《2012 年版出版物销售实态》有关资料制作。

3. 不断减少的出版社、书店

随着图书出版业的不景气，原有的出版社因经营不善而不断倒
闭，而新参入的出版社又在逐年减少，日本出版社的数量从 1997 年
的 4612 家减少至 2011 年底的 3734 家。与此同时，出版社的图书销
售金额（社均/年）也在逐年减少（参见表 2 - 5）。由此反映出出版
社的竞争能力正在不断地削弱。

此外，由于排名前 100 位的出版社占了当年全部图书销售额的
63.6%，剩下的 3634 家出版社只销售了全部图书的 36.4%（参见

表 2 - 5　2000 ~ 2011 年日本出版社数量的变化

年份	出版社数量(家)	社年均图书销售额(亿日元)
2000	4391	—
2001	4424	7.36
2002	4361	6.97
2003	4311	6.81
2004	4260	6.84
2005	4229	6.35
2006	4107	6.53
2007	4055	6.54
2008	3979	6.19
2009	3902	5.95
2010	3818	5.58
2011	3734	5.64

资料来源：本表根据日贩《2012 年版出版物销售实态》相关资料统计制作。

图 2 - 3、表 2 - 6)。由此充分反映出日本图书出版产业的高度集中，亦可见大社对市场的垄断极为显著。

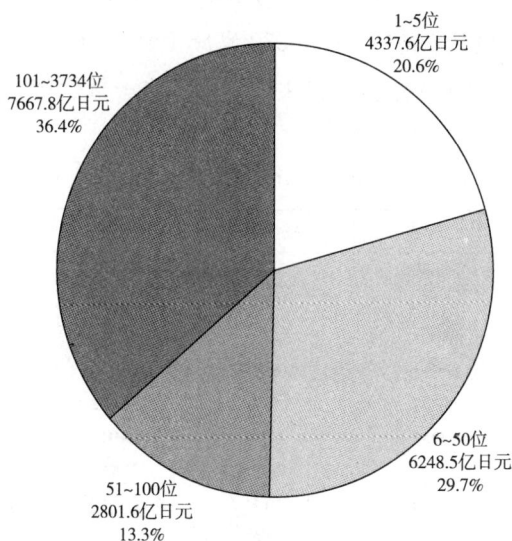

图 2 - 3　2011 年日本出版社图书销售额及市场占有率情况

资料来源：本图根据日贩《2012 年版出版物销售实态》有关资料制作。

表 2 - 6　2012 年日本出版社排名（前 20 位）

排名	出版社	排名	出版社
1	讲谈社	11	文艺春秋
2	集英社	12	主妇之友社
3	角川集团	13	白泉社
4	小学馆	14	PHP 研究所
5	学研社	15	朝日新闻出版
6	宝岛社	16	Spuare Emix
7	新潮社	17	Media Factory
8	德间书店	18	日经 BP
9	幻冬社	19	NHK 出版
10	钻石社	20	主妇与生活社

资料来源：本表根据乐天 Books 发表的《2012 年出版社销售排名》相关资料统计制作。

　　与此同时，从日本《出版产业白皮书 2012》所提供的"书店的新开与倒闭"数据比较中也可以看出，在 2001 ~ 2011 年间，每年新开的书店数甚至仅为倒闭书店数的 1/4（参见表 2 - 7）。正因为此，日本的书店数也从 2003 年的 20880 家减少到了 2012 年的 16384 家。而且，"伴随着 1990 年代末以来的图书销售金额、图书销售部数的

表 2 - 7　2003 ~ 2012 年日本书店数的变迁

年份	书店数	减少数	倒闭数	新开店数
2003	20880	—	1169	439
2004	19920	960	1634	410
2005	18608	1312	1880	480
2006	17911	697	1341	450
2007	17327	584	1592	475
2008	17383	+ 56	1012	434
2009	17187	196	703	336
2010	16974	213	562	282
2011	16712	262	561	254
2012	16384	328	675	222

注：就 2008 年的书店倒闭数与新开店的数字分析，这里不应该出现正增长，似有误。
资料来源：本表根据日本 JPO 的书店指导管理中心相关资料统计制作。

减少，以及图书返品率的增加，书店的倒闭、废业加速，这种负的复合化状况仍在持续"。①

4. 从高峰值回落的图书价格

让日本的图书出版业雪上添霜的是，自 1950 年代就开始一路走高的新出图书的价格，在进入 21 世纪的前 10 年间，居然持续走低。从 2001 年的 1206 日元/册，回落到了 2011 年的 1118 日元/册（参见图 2－4）。造成图书价格回落的主要原因是，出版社在经济不景气、读者购买力下降的背景下，不得不更多地推出平装小开本新书或文库本新书。

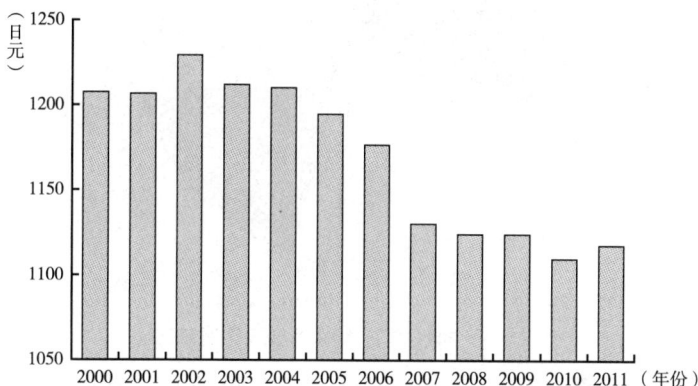

图 2－4　2000～2011 年日本图书价格的变化

资料来源：本图根据日本出版科学研究所《出版指标年报 2012 年版》相关资料统计制作。必须指出的是，日本出版新闻社所出的《出版年鉴》中的新出图书价格与此图存在较大差异。

5. 各类图书的出版比例

日本出版业将图书分为哲学、历史、社会科学、自然科学、技术、产业、艺术、语言、文学、儿童、学习参考以及综合这 12 大类。根据 2012 年日本《出版年鉴》有关资料，从 2011 年出版的新书分类比例来看，哲学为 5.7%，历史为 4.7%，社会科学为 20.6%，自然科学为

---

① 外川洋子：《日本の書店の実態と経営課題：アマゾンの成功が示唆するもの》，《法政大学キャリアデザイン学部紀要》，2008，第 370 頁。

7.4%，技术为 7.1%，产业为 3.4%，艺术为 18.2%，语言为 2.4%，文学为 17.4%，儿童为 5.2%，学习参考为 6.9%，综合为 1.0%。也就是说，社会科学类图书所占比例最大，其次是艺术类图书（参见图 2-5）。

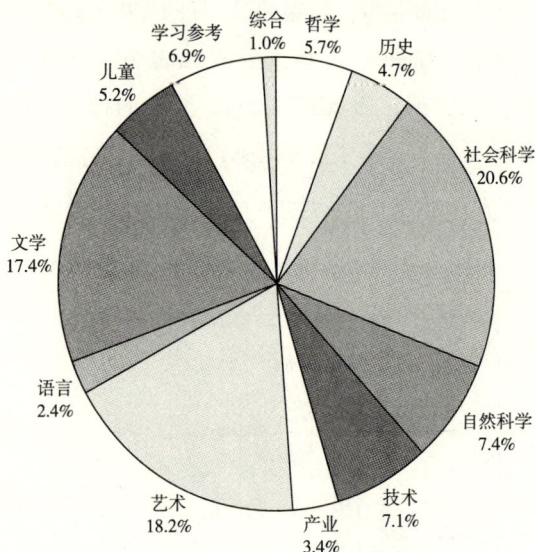

图 2-5　2011 年日本图书出版比例示意

资料来源：本图根据 2012 年版日本《出版年鉴》有关资料制作。

6. 图书出版业的销售体制

日本的图书发行渠道较多，特点也各不相同。其主流的发行体制应该是出版社通过"日贩"、"东贩"等图书批发公司，将书批发给各地的书店，然后出售给消费者（参见图 2-6）。而维系这种发行体制的则是日本独特的"再贩卖价格维持制度"（再贩制）以及"委托制度"（寄贩制）。

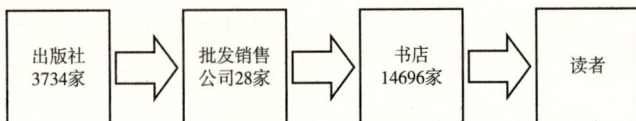

| 出版社 3734家 | → | 批发销售公司28家 | → | 书店 14696家 | → | 读者 |

图 2-6　日本东贩公司图书批发示意图

资料来源：本图根据东贩公司有关资料制作。

　　所谓再贩制，是指由出版社决定图书的销售价格，而销售方则严格遵守出版社的定价进行销售的图书发行体系，其实质就是图书固定价格销售制；所谓寄贩制，是由出版社、图书批发商及书店三者基于合约，由图书批发商先行垫付书款，在规定期限内书店允许退货的制度。这两种制度在一定程度上保证了出版社、图书批发商及书店的利益，但随着图书退货率的增加，加之电子出版物的逐渐增多，业内要求摆脱中介公司，直接实现"出版社—书店"或"出版社—读者"的呼声越来越高。

　　除此之外，日本还有专业商店渠道，如音乐出版社—乐器批发商—乐器及音乐商品店—读者，如日本全国有 246 家分店的音乐商品连锁店新星堂的销售方式；有数码产品渠道，如淀桥电器连锁店等的销售方式；还有运动商品店渠道、专门食品渠道等多种销售渠道。不过，从图书的销售份额来看，这些渠道并不占据主导地位（参见图 2-7）。

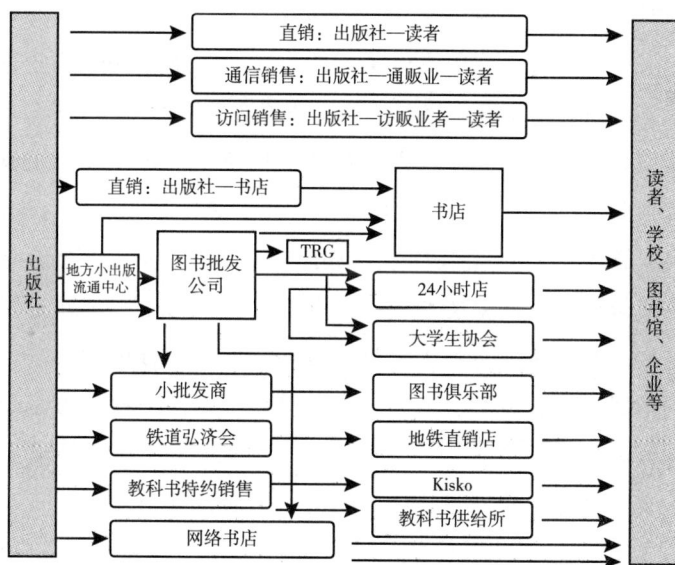

图 2-7　日本图书销售流通示意图

资料来源：本图参考日本《出版产业白皮书 2010》有关材料制作。

四　超越"不况"的努力

从 1997 年起，日本图书出版业绩的下滑，被称为"出版大崩溃"，至今仍未有丝毫的缓和迹象。在这期间，业界也曾有过诸多的努力，其中有向电子出版的转型、有新销售渠道的尝试、有图书馆主导的电子化进程及自费出版、"自炊"、作家"养成"等新出路的寻找。

1. 电子出版的转型

在日本出版界，面向电子出版转型以自救的不仅仅有出版社，还有书店以及印刷企业。

对于出版社而言，最为典型的转型事例，就是 2010 年 3 月由朝日新闻出版、学研社、角川书店、讲谈社等 31 家日本出版社联合组建的，以电子出版商务模型的试行以及电子出版情报收集为主要目的的"日本电子书出版社协会"（EBPAJ）的成立。在言及协会成立的动因时，协会方面坦承，"电子书籍的出现，使得出版社所处的位置发生了微妙的变化。因为电子书的作者与电子书的配信业者之间可以直接联系，这样一来电子书的流通就有可能不通过出版社"。[①]

目前日本也已经有一些出版社联合参与了电子出版，不过，这种联合参与的形式还较初级，就像软件银行创造社、主妇与生活社、三和书籍等 8 家日本出版社联合成立的名为"Bookpub"的电子书店。书店采用网络营销的形式，将 8 家出版社精选出来的实体书的电子文本挂在书店的页面上，供读者网购。网购分两种：一种是以 PDF 的形式让读者下载，书店按下载量收费；另一种是为需要纸质图书的读者提供纸质书，以每页纸 2.28 日元，每张封面 190 日元的定价收费。令人遗憾的是，这样的电子书店，说到底也就是 8 家出

---

① 三柳英树：《「日本電子書籍出版社協会」発足、出版 31 社が参加し規格など検討》，http://internet.watch.impress.co.jp/docs/news/20100324_356586.html，最后访问日期：2013 年 11 月 18 日。

版社自选作品推挂到网上销售而已。出版社的这种自建网站的垂直
销售模式，其意义更多地在销售，而不是真正的电子出版，加之受
各家出版社所拥有的图书资源的限制以及缺乏门户网站的宣传，因
此，日本出版社的这种电子化转型，其效果并不那么令人激动。

至于日本的书店，对电子出版的涉足则有两种模式，一种是纪伊
国屋书店模式，而另一种是三省堂书店模式。纪伊国屋书店的模式起
始于 2010 年 11 月，书店方专门设立了网络销售的网站——"纪伊国
屋书店 BookWeb"，负责统筹电子书的销售。三省堂书店的模式又称
"个性需求印刷"（on-demand printing），其模式源自美国的著名出版
社 Random House。三省堂书店从 2010 年秋开始试行这一模式，主要的
服务内容是向购读者提供外文版书籍及店内长期脱销的日文版书籍。
书店在店堂内安装有印刷装订一体机，在购读者确定所购买书籍后，
直接在店堂印刷装订。其外文版书籍是由 Google eBookstore 提供的 300
万册书，而日文版书籍则主要由讲谈社提供。

此外，2011 年 2 月日本印刷产业联合会网站发布的调查结果显
示，在接受调查的日本印刷企业中，已有 54% 的企业参与了电子出
版业务，即将参与的企业也有 27%，而预定参与的企业则占 7.9%，
三者合计为 88.9%。① 也就是说，在日本，目前已经有将近 90% 的
印刷企业在不同程度上参与了电子出版。这说明日本印刷产业对电
子出版积极的应对态度。

2. 新销售渠道的尝试

长期以来，日本图书的销售方式是再贩制与寄贩制。在再贩制的实
施过程中，日本出版业形成了比较固定的利润分配结构，即每赚取 1 日
元，出版社得 0.70 日元，批发商得 0.08 日元，而书店得 0.22 日元。②

① 日本印刷产业联合会：《電子出版に関するアンケート調査報告書》，2011 年 2 月
7 日，http：//www.jfpi.or.jp/information/file/22denshi_ summary.pdf，最后访问日
期：2013 年 11 月 18 日。

② 日本著书贩促中心：《本の売上構成比率、70% + 8% + 22% とは?》，http：//
www.1book.co.jp/000069.html，最后访问日期：2013 年 11 月 18 日。

对出版社而言，再贩制保证了出版社、图书批发商及书店的利润，但是，它也允许书店将销售不出去的图书退还给出版社，也给日本的出版社带来了居高不下的图书退货率，造成仓库内图书的大量积压。

寄贩制，又称书款预付制度。当新书由出版社交付批发公司后，批发商就会按书的零售价全额支付货款。于是，出版社就有了下一本书的制作经费。而在图书于书店销售半年之后，书店可以通过批发商将卖剩的书退还出版社，这时出版社就要将余下的货款退还给批发商。在寄贩制背景下，为了防止退款所带来的资金链断裂，出版社就会赶出下一本图书，以换取批发商的码洋，也就是用新书来抵补旧书款。如果新书畅销则没有任何问题，一旦新书销售受挫，就会陷入用越来越多的新书冲抵的恶性循环。

于是，近两年来，包括出版社、图书批发商及书店在内的日本出版业在开始新销售手段的尝试的同时，也加大了对新销售渠道的寻找力度。

所谓新销售手段的尝试，是指 2005～2010 年间以宝岛社为龙头所推行的买书刊赠礼品的营销活动。必须指出的是，宝岛社的这种"买书刊赠礼品"活动，并不是买一本书赠多少礼品这么简单，而是由宝岛社出资与书店交涉，在书店的大堂内设置"宝岛社书店"专柜，由专门人员在现场制作并销售与宝岛社的品牌包及品牌化妆品有相同包装的书籍。在这里，宝岛社所营销的已不再是书或包及化妆品本身，而是品牌。据说自 2005 年至今，宝岛社所营销的各类品牌包及品牌化妆品有 200 余种，与这些品牌包及品牌化妆品同期销售的书及刊物达 2500 万册。①

与此同时，日本的两大图书批发商"东贩"与"日贩"也开始着手建立网络销售系统。其中有东贩与 7 – 11 Japan、软件银行及

---

① 高重治香：《宝島社の書店応援キャンペーンを担う　マーケティング本部・桜田圭子さん》，《朝日新闻》2011 年 2 月 27 日。宝岛社的品牌包及品牌化妆品介绍另见网址：http://tkj.jp/tkj_brandmook/，最后访问日期：2013 年 11 月 18 日。

Yahoo 合资成立的"eShopping! Books"网站，以及日贩建立的"Hon'ya Town"网站。这两家网站的出现，也可以说是对图书"再贩制"的一大冲击，因为它在一定程度上摆脱了对书店的依赖，从而给日本出版业带来相当的震撼。

然而，在现阶段，真正意义上的销售渠道的拓展，应该是来自日本著书贩促中心所实施的 FAX DM 对店直接系统。该著书贩促中心收集了日本全国 16785 家书店以及 3026 家图书馆的传真号码，并将这些号码与系统相连接，在此基础上接受出版社或作者的个人委托，然后根据作品的内容及不同地区、不同层次购读者的阅读嗜好，有选择性地向书店及图书馆进行作品推销。从著书贩促中心目前介绍的面向书店的 FAX DM 实际效果来看，最好的成绩是发 1500 份传真，得到 638 家书店的回应，卖书 10842 册；最差的结果是发 3000 份传真，得到 13 家书店的回应，卖书 124 册；而在这份总成绩单中，共发出 113806 份传真，得到 7143 家书店的回应，卖书达 61319 册。[①] 也就是说，每发两份传真，就能卖出一本书。考虑在日本每发一张传真的成本只要 4.2 日元，由此而言，这一渠道的销售成效还是十分明显的。

3. 图书馆主导的电子化之路

日本是世界上图书馆事业最为发达的国家之一。据日本图书馆协会统计，目前日本仅设置在都、道、府、县、町的公共图书馆就有 3164 个，此外还有 1613 个大学图书馆，如果加上各种专业图书馆和特种图书馆，图书馆的总数应该在 5000 以上。[②] 因此，在过去，只要做好图书馆的采购工作，图书的销路也就不用担心。

自 1945 年以来，日本共出版 140 万种读物，其中 60 万种为现在图书市场上正在销售的图书。可以说这 60 万种图书充分代表了战后

---

① 日本著书贩促中心：《書店向けFAX DM　效果の一例》，http：//www.1book.co.jp/000038.html，最后访问日期：2013 年 11 月 18 日。

② 日本总务省、文部科学省、经济产业省：《デジタル・ネットワーク社会における出版物の利活用に関する関連資料》，http：//www.soumu.go.jp/main_content/000060137.pdf，最后访问日期：2013 年 11 月 18 日。

日本的文化和知识水平。这些图书有些销出去了，有些人在销售之中，还有一些则积压在仓库之中。对日本的出版社而言，这是它们的知识与财富。因此，如何通过有效的市场运作将压库的图书销售出去，也是几乎所有的日本出版社迫切期望得到实现的一桩大事。

2009 年，日本国立国会图书馆馆长长尾真提出设想，由国会图书馆牵头设立一个非营利的第三方机构"电子出版物流通中心"（参见图 2-8），主要负责图书网络发布有关的著作权问题。而国会图书馆则将藏书的电子数据无偿提供给"电子出版物流通中心"，由该中心以收费方式发送给使用者，随后将征收到的电子书下载费（每本书收费 120~200 日元）分配给著作权人。①

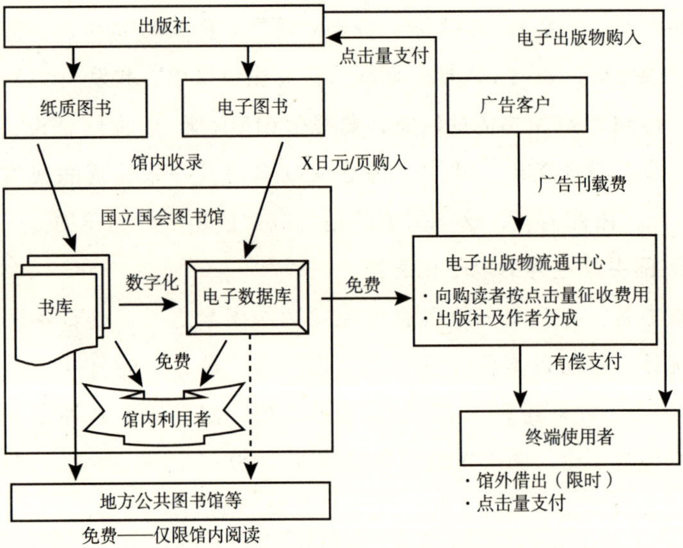

图 2-8　长尾真设想的电子化进程示意

资料来源：根据日本总务省"电子、网络社会出版物利用恳谈会"会议资料制作。

---

① 三瓶徹：《動き出す国立国会図書館の「電子書籍配信構想」出版社と の住み分けを考慮した議論がスタート》，*IAjapan Review*2011 年第 8 期。

没有想到的是，就在日本全社会如火如荼地响应长尾真号召的同时，2010 年 2 月，拥有 152 家会员单位的日本电子书出版协会（JEPA）却上书国会图书馆，希望能够将国会图书馆准备免费提供的电子书与出版社正在销售的书籍区分开来，在出版社销售期限内不向公众开放；同时也希望将出版社与作者同意无偿网络发送的书籍区分开来，前者由出版社自行发送，而后者才由国会图书馆发送。①

电子书出版协会的上书显而易见地表露出了会员们的焦虑，它们一方面欢呼电子化的进程，因为这有助于库藏书籍的销售；而另一方面，它们也在担心由国会图书馆主导的电子化之路会侵犯出版社的著作权，同时担心在电子化时代可能遭遇边缘化。

4. 自费出版、"自炊"及作家"养成"

从 20 世纪 90 年代开始，受出版不景气的影响，为了寻求新的出路，有相当一些出版社引进了自费出版项目。2005 年，日本图书馆馆藏的自费图书还只有 2274 种，到了 2007 年，在日本《出版年鉴》所收录的自费出版图书中，以自费出版而著称的新风舍高调出场，全社一年出版自费图书达 2788 种，超过了此前日本历年自费出版的总和。

然而，由于自费出版的作者水平参差不齐，以及稿件质量难以保证，给出版社的工作带来相当的难度。加之自费出版的书，由于受编辑、印刷等成本所限，制作就会比较粗慥，加上缺乏相应的宣传、流通费用，也就很难进入书店销售。

虽然是自费出版，但就作者内心而言，也都希望自己的书能够上架销售。所以，包括新风舍在内的一些日本出版社在进行自费出版的营业时，紧紧抓住作者的这一心理，以图书将会在各大书店销售为诱饵来吸引作者。日本滋贺大学名誉教授吉田龙惠的著作《在

---

① 下川和男：《国立国会図書館に対して電子書籍配信構想に関する「日本電子出版協会案」を提案》，Bizpal，http：//bizpal.jp/jepa.pr/00009，最后访问日期：2013 年 11 月 18 日。

世界的吵架之旅》，在与新风舍签约时，对方承诺新书出版后，会在全日本的 800 家书店内上架销售，而吉田龙惠最终查实的结果是仅 3 家书店有销售，而且，在亚马逊日本网站上也不能检索到该书。深感受骗的吉田龙惠最后联合其他两名受害者，于 2007 年 7 月以新风舍在自费出版过程中有欺诈行为为由，向东京地方法院提起诉讼。①这场诉讼，最终导致了新风舍的破产，同时也给自费出版这种模式抹上了一层阴影。

在 2007 年，日本的出版业又掀起了一轮"自炊"（cooking one's own meals）的热潮。所谓"自炊"，是指在出版社没有发行电子书的情况下，使用专门的机器将纸质图书裁断，然后进行电子化扫描、下载，最后转录入手持终端阅读器进行阅读之事。因为日本国内在出版社的犹豫之下，现售的纸质图书电子化进程十分缓慢，因而，就在日本索尼公司 LIBRIE、Reader Daily Edition 等手持终端阅读器上市时，市场反应冷淡的最大原因竟是几无可读之书。

在此背景下，日本市场上开始出现"自炊"业者，主要帮助那些手持终端阅读器的读者扫描下载包括村上春树的小说在内的一些畅销图书。然而，自 2010 年 iPad 在日本上市后，随着手持终端阅读器的读者群体的扩大，"自炊"的市场需求也得到了令人难以想象的增长，从而也促进了"自炊"行业的兴旺。据称，至 2011 年 5 月，日本有 10% 的畅销小说遭到"自炊"。

毫无疑问，"自炊"行业的出现虽然有助于读者，但显然侵犯了出版社及作者的权益。2011 年 2 月，日本书籍出版协会向自炊业者发出警告，指责这一行为"违反著作权法"。②同年 9 月，包括讲谈社、小学馆、角川书店在内的 7 家出版社以及渡边淳一、东野圭吾、青山冈昌等 120 多名日本知名作家，联合向 98 家"自炊"业者发出

---

① 维基百科日本：《新風舍》，http://ja.wikipedia.org/wiki/%E6%96%B0%E9%A2%A8%E8%88%8E，最后访问日期：2013 年 11 月 18 日。
② 杉山贵司：《電子書籍化「自炊」代行業者に書協が、警告へ》，《読売新聞》2011 年 2 月 26 日。

质问，要求停止侵权行为。[①]

　　而在自费出版、"自炊"之外，也有一些日本的中小出版社及书店开始将作家"养成"作为出版社的长期战略。为此，它们建立了出版社或书店直营的"作家养成班"，由出版社资深编辑及出版社旗下的名作家出面开设讲座，以为出版社的将来储备后备人才。

　　在所有的这些"作家养成班"中，最为成功的应该是由日本 Libro 东池袋书店与 Appleseed 经纪公司合办的"作家养成讲座"。据称，Libro 东池袋书店与 Appleseed 经纪公司合办的第一期讲座于 2007 年 6 月开办，共招收 12 名学员。就在 2008 年 3 月讲座结业时，已经有半数学员的作品化为铅字。至 2008 年底，12 名学员的作品全数都在包括宝岛社、光文社、钻石社这样的出版社出版了。[②] 受此成功事例的影响，Libro 东池袋与 Appleseed 经纪公司随后又开设了二期、三期讲座。

　　由此可见，从自费出版、"自炊"到作家"养成"，日本的出版业也进行了一系列新出路的探寻。就目前的情况而言，自费出版、"自炊"显然是失败了，至于作家"养成"，虽然也有成功的事例，但在整体上还很难给予高度评价。

五　市场发展分析

1. 增长动力

（1）读者支持度强

　　从被称为"出版大崩溃"的 1990 年代末期起，日本图书出版业能坚守至今，一个重要的因素就是来自读者的支持。在"国民读书年"的 2010 年，日本出版文化产业振兴财团曾经实施过一个"现代人的读书实

[①]　讲谈社等：《書籍スキャン事業者への質問書送付のご報告》，讲谈社网站，http：//www.kodansha.co.jp/pdf/questionnaire.pdf，最后访问日期：2013 年 11 月 19 日。

[②]　宫田和美：《新人作家を発掘せよ！ベストセラーはカフェから生まれる！》，《钻石周刊》，2008 年 5 月 5 日。

态调查"，调查显示，日本成年国民中月读书 1 册以上者的比例高达 76.3%，而读书低于 1 册者为 23.7%。而学生中不怎么读书者的比例为 20.9%，经常读书者为 54.7%（参见图 2-9）。①

同样，每日新闻社 2011 年版的"读书世论调查"结果也显示，尽管国民中有 71% 的人表示其读书的量与前年相比减少了，但是，参与调查国民的月均读书量仍还有 2.3 本，其中新书 0.8 本，文库本 0.6 本，漫画 0.9 本。② 这就意味着日本国民的人均年读书量多达 27.6 册，而在 2010 年，新华网报道说中国读者人均年读书量仅为 4.5 册，相形之下，日本国民的年读书量要高许多，应该说这正是日本图书出版业崩而不溃的基石所在。

（2）对电子书籍态度保守

从竹简到丝帛，从丝帛到纸质，再从纸质到屏幕，随着技术的进步，书籍的形式也在不断地演进。然而，日本的读者对数字出版以及电子书籍的态度却有些保守。2010 年 11 月，日本 ASCII 综合研究所就日本国民的数字化阅读进行了一项社会调查。结果显示，在 7500 名调查对象中，回答现在正在使用电子书籍的为 10.2%，今后肯定会使用电子书籍的为 3.5%，今后或许会使用电子书籍的为 34.3%；而今后肯定不使用电子书籍的为 17.9%，今后不打算使用电子书籍的为 29.5%。③ 也就是说，目前日本，正在使用或肯定打算

① 出版文化産業振興財団：《現代人の読書実態調査》，出版文化産業振興財団，2009 年 10 月 19 日，http：//www. jpic. or. jp/press/docs/2009JPIC_research_R. pdf#search = % E5% 9B% BD% E6% B0% 91% E3% 81% AE% E8% AA% AD% E6% 9B% B8% E9% 87% 8F′，最后访问日期：2013 年 11 月 18 日。

② 国民の読書推進に関する協力者会議：《人の、地域の、日本の未来を育てる読書環境の実現のために》，日本文部省网站，http：//www. mext. go. jp/b_menu/houdou/23/09/_ _ icsFiles/afieldfile/2011/09/02/1310715_1_1. pdf#search = % E5% 9B% BD% E6% B0% 91% E3% 81% AE% E8% AA% AD% E6% 9B% B8% E9% 87% 8F′，最后访问日期：2013 年 11 月 18 日。

③ 広田稔：《これだけは知っておけ！日本の電子書籍事情》，ASCII. JP，2011 年 1 月 24 日，http：//ascii. jp/elem/000/000/581/581805/，最后访问日期：2013 年 11 月 18 日。

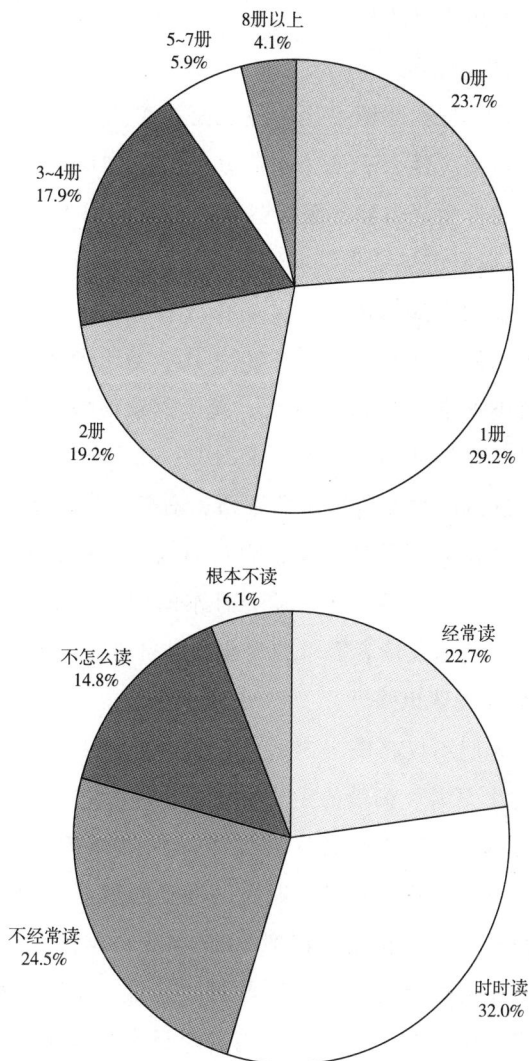

图 2-9 现代日本人的读书实态

资料来源：本图根据出版文化产业振兴财团"现代人
的读书实态调查"有关资料制作。

使用电子书籍的读者，仅占总数的 13.7％。这不能不说是一个令人
沮丧的数字。不过，对于电子书籍态度的保守，则同样也构成了日

本图书出版业崩而不溃的基石。

（3）市场适应性强

从历史上看，日本的图书出版业就是一个市场适应性非常强的行业。所谓市场适应性，表现为出版社能够根据市场的需求，及时调整自身产品的类型、内容甚至版型。如在1950年代、1970年代以及1980年代，根据市场纸张供求的不均衡以及纸张价格的变化，各出版社就适时推出文库版图书。又如在战后初期，基于新社会构建的需求所推出的教养类书籍；在1960年代，基于经济进入高增长期所推出的经营类书籍；在1980年代，基于大众消费社会的到来所推出的以"轻薄短小"为特色的女性类图书；在1990年代，基于游戏机、手机和互联网的普及所推出的漫画、动漫类作品等；在2000年代，基于经济的长期不景气、读者购买力低下所推出的趣味娱乐性读物及动漫性作品；等等。这表明，日本的图书出版业是能够根据新的时代发展特色以及读者需求的变化来对自身加以调整的。

（4）社会应援认识强

在日本，人们不仅将图书出版业视为文化产业的重要支柱，也将其视为"文化立国"国策的主要推行者。进入21世纪以来，为了拯救图书出版业走出"不况"的泥潭，从2000年的"儿童读书年"，到2003年"图书馆畅销书购入"运动的展开、2005年"文化及活字文化振兴法"的推出，再到2010年的"国民读书年"，这些活动的背后，在出版社之外，还有学校、企业、书店、图书馆、新闻媒体以及国会议员等多方协力参与。对日本国民来说，读书不仅是"读书文化的继承发展的新契机"，同时更是"人性涵养的养成以及社会的质的发展不可或缺的要因"。① 由此也保证了日本图书出版业相应的市场容量。

---

① 广田稔：《これだけは知っておけ！日本の電子書籍事情》，ASCII.JP，2011年1月24日，http://ascii.jp/elem/000/000/581/581805/，最后访问日期：2013年11月18日。

2. 增长极限

（1）总体趋势

传统的图书出版业是在纸质图书的基础上构建起来的，从载体形式上看，纸质图书出版仍然属于传统的制造产业。但是，随着数字出版的发展，特别是跨越传统、网络及无线通信平台的全媒体出版方式的出现，不仅颠覆了传统的图书出版的业务模式、流程和产业特性，而且也改变了图书出版业的生产方式和消费理念，因为在数字出版的背景下，购书、投稿都可以通过互联网或移动通信网络来进行，而阅读则可以通过电脑、阅读器、手机等其他显示终端来进行。

对此，香港联合出版集团前董事长赵斌在"亚洲出版论坛——亚洲出版现况与未来"（2009 年，台北）上所作的"传统出版业的未来"主题演讲中，就明确指出了数字出版给传统出版业带来的五个前所未有的挑战：第一，出版市场供求进一步失衡；第二，出版角色作为分工被取代；第三，免费出版的流行；第四，版权保护的物理门槛消失；第五，其他新媒体抢夺闲暇时间。他为此坦诚"每一个挑战都很致命，传统出版出局的预言因此而生"。[1]

由此而言，传统图书出版正陷入了前所未有的困境，在此背景下，即便是最乐观的出版人也只能乞求数字出版与纸质图书的共存。

（2）少子化背景下的出版困惑

2011 年 8 月，日本总务省公布了当年的人口动态调查结果，统计显示日本全国人口已减少至 1.26 亿。其中，15 岁以下儿童人数为 1693 万人，比 2010 年减少了 9 万人。这是日本儿童人数自 1982 年以来连续第 30 年减少，刷新了 1950 年以来的纪录。连续 30 年的少子化现实对日本图书出版业的冲击无疑是极为深刻的，从儿童绘本开始到中小学教材，最后是成人图书，随着读者总数的减少，即便人均购买图书的比例保持不变，图书的总销售金额仍然会下降。

---

[1]　赵斌：《在共存与竞争中生存——传统出版产业的未来》，《编辑学刊》2011 年第 2 期。

（3）数字出版的冲击

从 2010 年日本将该年确定为"电子元年"以来，日本图书出版业对数字出版呈现出积极应对的态势。如新潮社就将 2011 年 2 月后出版的单行本和新出版图书，征得作者同意之后，在发售半年后再推出电子书，至今已发售电子书约 1100 种。讲谈社也随后宣布，为强化数字出版事业，将从 2012 年 6 月起，对新出版的图书同时发行纸质书和电子书。目前，讲谈社电子书化的图书品种已达 13000 种。而据日本野村总研的调查，2010 年日本的电子书市场规模是 850 亿日元，到 2015 年将达到近 3 倍的 2400 亿日元。[①]

（4）再贩制、寄贩制与定价下滑

作为日本图书主要销售手段的再贩制、寄贩制，都是建立在图书定价制的基础上。即由出版社根据图书整体的成本利润，其中包括作者稿酬、出版社的成本利润、图书批发商的成本利润以及书店的成本利润，核算出图书的定价。显然，这样的定价制保证了出版社、图书批发商及书店三方的利益，而图书定价的不断上升，也成为 1990 年代之前日本图书出版业发展的主要动因。然而，自 2003 年以来，日本的图书定价已经连续 8 年出现下滑，也就是说出版社、图书批发商及书店三方的利润空间都受到了挤压，在这样的背景下，日本的图书出版发行就很难得到可持续发展。

综上所述，对 2010 年代的日本图书出版业来说，幸运的是有那么多的读者依然坚定地站在了纸质图书的一边，而图书出版业自身依然保持一定的求变活力。但是，在少子化的大背景下，加之数字出版所带来的冲击，以及随着图书定价的下滑所带来的利润下滑，更为严峻的是，那些坚定地站在纸质图书一边的读者，正在步入老龄化或准老龄化阶段，而新生一代对网络和数字出版的热情正在急

---

① 广田稔：《これだけは知っておけ！日本の電子書籍事情》，ASCII. JP，2011 年 1 月 24 日，http：//ascii.jp/elem/000/000/581/581805/，最后访问日期：2013 年 11 月 18 日。

剧升温。

　　无论如何，日本的图书出版业都需要有所变革，事实上也已经进入了一个强制性的变革期。只不过如何在出版业现有体系下进行变革，仍是一个没有解决的问题。在某种意义上说，与其让数字来清算纸质，不如令纸质主动转变数字。这也许会让业界感到很为难，但是，这也许会让未来的出版业呈现另一番景色。

第二篇

比较

第三章
中日图书编辑之异同

在中国，长期以来图书编辑一直作为文化产品的制造者、民族文化的整理和传播者而受到社会的尊重。与此同时，编辑也作为出版社图书生产的主体，不但要对文稿的内容把关，还需要对文稿文字进行修正以及负责出版环节的质量监督。而在日本，编辑却是在敦促作者说"先生，马上就要交稿了呢"的同时，更多地从事着文稿编辑整理之外的事务性工作。

一　编辑角色的不同

多少年来，中国出版业对图书编辑的角色要求，一直定位在对文化成果的收集、选择和加工整理上，即对稿件的选择、加工和完善。具体而言，图书编辑"除负责初审工作外，还要负责稿件的编辑加工整理和付印样的通读工作，使稿件的内容更完善，体例更严谨，材料更准确，语言文字更通达，逻辑更严密，消除一般技术性差错，防止出现原则性错误；并负责对编辑、设计、排版、校对、印刷等出版环节的质量进行监督"。① 也就是说，编辑主要是负责稿

① 贾国祥：《抓住编辑工作中心环节》，《中国新闻出版报》2006 年 8 月 23 日，第 6 版。

件的编辑整理，此外还须负责出版环节的质量监督。

于是，为了鼓励编辑把好文字关，就流传出了许多编辑改稿的动人故事。如巴人给浩然改稿，将"不切实际的话，酌予改正，例如'日落海面'，按照渤海方位，在东边，日落则在西，故改为'太阳落下时'"。还有周振甫为钱钟书《谈艺录》改稿，不但一一核校原文，还为每篇标立目次。如此态度，令钱钟书大为感动，他在《谈艺录》引言中写道："审定全稿者，为周君振甫。当时原书付印，君实理董之，余始得与定交。"① 凡此等等。

与中国相比较，日本出版业对图书编辑角色的要求不尽相同。虽然，在日本书籍出版协会日前发布的招聘广告上，对图书编辑的工作要求是"调查市场需求、寻找合适的作者、取稿、原稿整理、文字校对以及印刷制作的手续，等等"，但是，在实际工作中，日本图书编辑的工作，却更多的是在稿件的编辑整理之外。对此，《现代周刊》的掌门人加藤晴之在给编辑画像时就说："所谓编辑，就是站在迟迟不动笔的大牌作家的边上，时不时地敦促着'先生，马上就要交稿了呢'的克己认真的人。"人称"编辑太郎"的松田哲夫，在回忆自己进筑摩书房之初所做的工作时也说："当时几乎都是事务性的工作，根本就没有文字编辑的内容。"② 他还记得自己大约有5年时间都花在了对文字的级数、字距行距与版面变化，以及对纸、油墨、印刷、装订等工艺的了解上。除此之外，就是陪作者喝酒。为此，他将编辑称为作者的"伟大助手"。

与松田哲夫有着相同感觉的还有 *Ale* 杂志的编辑长菊池夏树。菊池夏树曾经担任东野圭吾《真夏的方程式》一书的责任编辑，他在回忆当时的工作情景时也说："东野圭吾当时就住在东京靠近日本

---

① 王建辉：《编辑这个文化角色——近现代学术文化史读书札记》，《编辑学刊》1994 年第 5 期。

② 系井重里：《编集者という仕事を知ってるかい?》，2007 年 6 月 20 日，http://www.1101.com/henshusha/2007 - 06 - 27.html，最后访问日期：2013 年 11 月 19日。

桥、人形町附近的公寓中，我们两人常常在一起游玩，一起吃饭、喝酒、聊天，兴致起来的时候，还去卡拉 OK 唱歌，有时会闹到半夜三更。……想当年，我们有时就这么喝着酒开开玩笑，也有时能对作品讨论一个晚上。作者想些什么、期望些什么，不经意间，没有任何保留地传递给了我。"①

其实，日本的编辑不担负文稿的编辑校对业务这一原则，也体现在出版社的出版合同之中。如日本爱知大学的《学术著作出版合同》第 2 条就明确规定："甲方（作者）负责本图书的著作编辑及校对等一切事务；乙方（出版社）则负责本图书的出版发行等一切事务。"由日本书籍出版协会制作的《出版合同书》（样板合同）也在第 8 条中规定："本图书的编校事宜由甲方（作者）负责，不过，甲方（作者）也可以委托乙方（出版社）负责"。② 对此，名古屋大学、弘前大学等其他大学出版社也都采用了相类似的原则。在此背景下，对作品的编辑及校对实际上就成了作者自身的工作，而出版社只是负责图书出版发行等事务。

对此，日本技术评论社图书编辑部的西村俊滋编辑长在题为"图书编辑的角色要求"的演讲中，就明确列出了图书编辑从图书策划直至下厂制版的 11 项工作内容，其中文字的编辑仅占其中一项，而且还只是对原稿审读，至于文字的修改，那是要得到作者同意后方能进行的（参见表 3 - 1）。

由此而言，中日两国出版业在对图书编辑的角色要求上还是有所区别的。如果说中国的编辑更侧重图书的文字编辑的话，那么日本的编辑更多的是将工作的重点放在图书的出版事务上。之所以会有这般的不同，是因为中日两国出版业编辑理念不同。

---

① 菊池夏樹：《作家と編集者》，2011 年 11 月 23 日，http：//honya. jp/modules/d3diary/index. php？page = detail&bid = 20，最后访问日期：2013 年 11 月 19 日。

② 日本書籍出版協会：《出版契約書雛形（一般用）》，http：//www. jbpa. or. jp/publication/contract. html，最后访问日期：2013 年 11 月 19 日。

表 3 – 1　日本图书编辑的角色要求

1	策划	提出策划书:谁买? 什么内容? 谁写? 价格? 版式? 出版时间?
2	策划会议	部门会议:图书编辑部部会,决定是否通过出版策划
3	联系作者	在部会同意出版策划后,落实写稿作者
4	设计	封面设计、封面及内文用纸的确定,设计成书想象图
5	图像安排	落实书中图像设计者及照片拍摄者
6	文字编辑	对原稿审读并提出修改意见(在作者同意后,可以自己修改)
7	DTP	进入排版程序,注意与排版公司沟通,进行版式的协调、修改
8	定稿检查	依据书的内容是否能够准确地传达给读者,对图像与文字进行检查,对印刷油墨加以调整,有时会做出一些大的调整,如增加文字内容、增加插图等
9	封面确定	封面及扉页的修改及确定,取得封面的正式印件
10	印刷入稿	跟随印刷稿一同下至印刷厂
11	下版	在印刷厂现场最后确认印刷稿是否有误,确认后签字开机

资料来源:依据西村俊滋的原表翻译制作。原表见 http://www.maxell-kids.com/study/work/work02.html。

二　编辑理念的不同

这里所说的编辑理念,是指编辑对待稿件以及作者的态度。

在中国,由于受西方理论的影响,认为所谓的编辑理念就是"编辑在编创媒体、结构文化时,根据自身的素养和对社会的政治、经济、意识形态等形势的总体把握形成的关于媒体的主流活动与主导意识的思维灵智,是对编辑活动规律的理性认知和意识的升华"。[①]从这样的理念出发,一些编辑就将重点放在了对稿件的自身认识之上,并依据自己的"思维灵智"对稿件内容多加删改。

对此现象,早在 40 多年前,诗人臧克家就有披露:"常听到作家抱怨,有时也形诸文字:我的文章到了编辑先生手里,他挥大笔

---

① 周山丹:《全媒体出版语境下图书编辑的理念创新与角色转型》,《编辑之友》2011 年第 6 期。

如抡斧斤，被砍削得七零八碎，鳞伤遍体，刊出以后，我自己几乎不认识是出自己手了。"① 有同样感受的还有唐弢先生："卞之琳的《维多利亚女王传》译稿，原有极详尽之注释，译者用力之勤，几过于本文之迻译，而交商务出版时，完全被删去，削头截足，剩下光身一个。"②

之所以如此，是因为在中国的编辑理念中被赋予了对稿件负责的责任，如中国的编辑被要求"从专业的角度对稿件的社会价值和文化学术价值进行审查，把好政治关、知识关、文字关"。所谓的把关，同时就意味着责任。而对编辑来说，减轻责任的最简单的方法，就是删去一切有可能诱发责任的内容。

而日本则不同。就笔者个人而言，所有在日本出版的著作中，都未曾遇到过任何对书稿内容的删改。唯一的一次例外，是应日本黑潮出版社之约，为京都光华女子大学河原俊昭教授《与外国人共生的社会已经到来》一书撰写专栏。因为出版社给出的专栏主题是就日本人的性格而言的共生态，而在约稿时，日本国内正值小泉执政，中日关系并不融洽。对此，笔者以《"鸭行"下的日本》为题，从文化行为学的角度，结合自己在日本的亲身经历，根据日本人社会性格中的"鸭行"因素（所谓"鸭行"，就是一群鸭子中一定会有一只头鸭，所有的鸭子一定会跟着头鸭走），提出对日本社会而言，要与外国人共生，重要的是选择头鸭。显然，文稿带有比较强烈的批判情绪。

记得黑潮社的编辑在收到稿子后，认为原稿的观点过于尖锐，而委婉提出希望对原稿做出修改，如此读者才会比较容易接受，甚至表示出版社可以安排资深编辑帮助修改。最后，经出版社修改后的文章标题就变成了《日本人，请更多地保持自信》，③ 并且增加了对日本社会建言的内容，读起来也就柔和多了。

---

① 臧克家：《作者与编者之间》，《人民日报》1956 年 10 月 11 日，第 8 版。
② 唐弢：《晦庵书话·水仙》，生活·读书·新知三联书店，1995，第 148 页。
③ 河原俊昭、山本忠行：《与外国人共生的社会已经到来》，黑潮社，2004，第 128 页。

　　毫无疑问，日本图书编辑这种柔性地对待作者、对待原稿的做法，完全是基于他们的那种"编辑是'发掘他人的 fine play 的职业'，而编辑的工作'是对作家的激励'"的编辑理念。① 他们对作者文稿的态度，是能不改尽可能不改，即便要改，一定要获得作者的同意，并且是站在作者的立场上的修改。对此，日本著名出版人、曾任《朝日新闻》编辑委员的重金敦之说："并不是说所有编辑都与作家那么亲近，但是，我确实看到了很多真正进入作家内心，甚至在作家的案头充当秘书的编辑。"②

　　由此而言，中日两国的编辑在编辑理念上确实存在着不小的差异，如果说中国的编辑理念是出好的作品的话，那么，日本的编辑理念就是扶植好的作者，甚至不惜在作者的案头充当秘书。可以说，中日两国间编辑角色与理念的不同，进而又带来了编辑地位的不同。

三　编辑地位的不同

　　编辑的地位，应该说是由编辑的角色与理念决定的。在中国，一些比较有代表性的观点都认为编辑的地位要高于作者，因为编辑的工作是在帮助作者提高。其中的典型观点是："（1）编辑要认真审读书稿，把书稿的内容吃透。唯其如此，才能提出建议性意见，才能对作者有所帮助。（2）编辑审读书稿，要抓住要害，即带全局性的问题。唯其如此，才能使作品得到根本性的提升。（3）编辑帮助作者，观点要鲜明，态度要谦和。唯其如此，才能使作者乐于接受你的帮助。"③ 正因为人们认为编辑的地位高于作者，是在帮助作者提高，所以，编辑们很自然就拥有了修改作者稿件的权利。

　　必须指出的是，在中国，编辑所拥有的修改作者稿件的权利也

---

①　山口瞳：《わたしの読書作法》，河出书房新社，2004，第 57 页。
②　重金敦之：《編集者の食と酒と》，左右社，2010，第 239 页。
③　周奇：《编辑主体在审读加工过程中的创造性作用》，《出版科学》2003 年第 2 期。

是得到官方认可的。早在1952年，当时的出版总署就制定了《关于国营出版社编辑机构及工作制度的规定》，规定要求图书编辑可以以责任编辑的名义在书名页上署名，不但将名字署在版权页上，还能够出现在封底或者封三的勒口上。当然，也有人说书名页上责任编辑的署名，并不显示编辑地位，只是"为了昭示责任编辑的责任，他究竟要负什么责任，书名页上不可能列出，但在读者心目中他却是要对图书编辑工作负全部责任的"。①

既然中国的图书编辑"要对图书编辑工作负全部责任"，国家随之就为图书责任编辑设置了准入门槛，即必须通过新闻出版总署组织的编辑资格考试并经过登记注册之后，才有资格担任责任编辑，才能够在书名页上署名。于是，在高高的准入门槛下，也是在对图书编辑工作负全部责任的前提下，责任编辑很自然地被赋予了书稿的审核权、内容的删改权以及文字的修正权，再加上书名页上的署名权，由此而显现出了中国的图书编辑所具有的崇高地位。

不过，对中国的图书编辑来说，地位的崇高也意味着责任的重大，诚如《国务院关于修改〈出版管理条例〉的决定》第三章第二十四条中明确规定的："出版单位实行责任编辑制度，保障出版物刊载的内容符合本条例的规定。"这显然意味着图书编辑的政治责任。此外，还有《图书质量管理规定》中所设定的1/10000的差错率的红线，也已经成为图书编辑不可回避的考核内容。

而在日本，图书编辑是没有资格在书上署名的。作为出版业约定俗成的一项行规，日本目前的3000余家出版社中，绝大多数的出版社都不允许编辑在自己所编辑的书上署名。其中，虽然也有德间书店等极少数出版社明文规定编辑可以在书名页上署名，但事实上，即便是德间书店出品的著作，也很少见编辑的署名。有意思的是，日本图书编辑的工作，大多数情况下是通过作者在后记中的感谢而得到体现的。一旦作者忘了感谢，那么，编辑工作就完全是匿名的。

---

① 蔡学俭：《责任编辑是什么》，《出版科学》2000年第4期。

然而，没有署名权，也就意味着日本的图书编辑并不需要承担图书编辑这方面的责任，于是，也就不需要有书稿的审核权、内容的删改权以及文字的修正权了。正因为此，日本图书编辑的工作，更多的是在稿件编辑整理之外的事务性工作。也正因为此，日本图书编辑的准入门槛可以说是非常低，从各出版社的招聘广告看，只要高中以上并具有一定的文字功底，就可以应聘。而且在日本，也没有编辑的国家资格考试。于是，编辑的地位就悲剧了，在1995年SSM调查研究会所进行的职业社会地位调查中，编辑仅获52.2分（满分100分），与总务、营业及其他一般事务员排在了一起。

由此可见，中国的图书编辑可以说是位高且权重，不仅有书稿的审核权、内容的删改权、文字的修正权，还有书名页署名权，但同时也意味着编辑的责任重大。与中国的图书编辑相比，日本的图书编辑的地位确实太低了些。当然，没有了地位也就意味着不负有任何的责任。他们只好将自己对图书的热情倾注在了封面及版式的设计、纸张及油墨的选择、印刷及装订的质量等这些图书出版的细节上，这也许是日本图书长期以来以设计印刷装帧精美而著称的另类的解读。

四 编辑前景的不同

进入21世纪以来，在出版数字化和产业化转型的时代背景下，在出版的对象开始由精英转向大众的过程中，中国图书编辑的角色与作用，也已经在悄然变化之中。诚如美国双日出版公司总编麦考密克所说："编辑工作……今非昔比。过去主要改改拼写和标点，现在更重要的是必须了解该出版什么，如何才能拉到稿件，如何赢得最多的读者。"[1] 这里，了解该出版什么，如何拉到稿件，实际上就

① 〔美〕斯科特·伯格：《天才的编辑》，陕西人民出版社，1987，第2页。

构成了当今策划编辑们的工作内容。

毫无疑问，随着策划编辑的出现，编辑的角色出现了分化，原先从事稿件选择与加工的编辑，成了文字编辑，而负责策划选题、联系作者的编辑则升级为策划编辑。如今，随着中国出版业产业化转型的深化，可以说，国内各主要出版社都已基本实现了文字编辑与策划编辑的二级岗位分工。

由于人们认为"策划"就"意味着编辑自主创新意识的进一步提高，意味着出版社的自力更生水平的进一步发展，更意味着出版业实现社会效益与经济效益的统一"，因此，在编辑角色的转化中，各出版社就有意识地让一些"市场意识强、综合素质高、项目管理能力强的编辑人员集中精力进行选题策划工作"，[①] 于是，策划编辑在出版社内的作用就显得越来越重要，甚至被称为"出版社或图书公司的核心"。无论如何，策划编辑的出现凸显了中国出版社应对市场的决心。

然而，尽管从20世纪90年代起，日本的出版业就已经步入了"不况"，但是生性保守的日本出版社并没有勇气展开像中国这样大规模的产业化转型，正因为此，日本出版社的图书编辑也依然保持着传统的角色。

在2009年10月至2010年1月间，拥有463家会员单位的日本书籍出版协会开展了一项"书籍的出版策划、制作的实态调查"，调查围绕着"图书的出版策划是由谁确定的"、"书名是由谁确定的"、"编辑业务有无外包"等图书编辑实务而展开，据说最终有232家出版社提交了调查表。然而，从各出版社所汇总的答案上看，日本图书编辑的前景并不令人乐观。

因为，在"图书的出版策划是由谁确定的"的提问中，只有5.6%的出版社回答是由编辑决定的。而在"书名是由谁确定的"的提问中，竟然没有一家出版社说编辑能决定。至于"有无编辑业务

---

① 宋秀全：《提高图书质量的主要对策研究》，《中国编辑》2009年第5期。

外包"的提问，有79%的出版社回答说有过。而让编辑们更为揪心的是，在"外包内容"的提问中，竟有83.4%的出版社表示，他们将图书编辑的业务对外进行了转包，目的是降低成本及加快图书出版进度（参见表3-2）。

表3-2　"谁决定出版计划"、"谁决定书名"、"编辑业务外包现状"、
"外包内容"（可多选）调查情况

项目决定者	回答数（%）	书名决定者	回答数（%）	外包现状	回答数（%）	外包内容	回答数（%）
企划会议	37.1	编辑部	31.9	有过外包	62.9	编辑业务	83.4
社 委 会	48.2	社委会	31.9	正在外包	15.1	政策	50.3
编 辑	5.6	作者与编辑部	9.9	没有外包	20.7	企划	8.8
其 他	8.2	作者与营业部	6.0	没有回答	1.3	其他	6.6
没有回答	0.9	作者	4.7				
		其他	15.6				

资料来源：本表根据2010年度日本书籍出版协会生产委员会"书籍的出版策划、制作的实态调查"有关资料制作，http：//rnavi. ndl. go. jp/research_ guide/entry/post-389. php。

由此而言，就在中国图书编辑的角色被分化为文字编辑与策划编辑，从事着不同的分工，进而积极走向市场之时，日本的图书编辑则依然坚守着其传统的角色。而从83.4%的出版社将图书编辑的业务对外转包的回答中也可以感觉到，在日本，编辑仍在被不断地边缘化。

综上所述，由于中日两国文化背景的不同，两国图书编辑在角色、理念、地位及前景等方面存在众多差异。可以确认的是，中国的图书编辑位高且权重，不仅有书稿的审核权、内容的删改权、文字的修正权，而且还有书名页署名权。当然这同时意味着编辑责任的重大，不仅需要对图书内容进行把关，而且还要面对差错率的考核。而日本的图书编辑既没有书稿的审核权、内容的删改权、文字的修正权，也没有书名页署名权，当然，也就意味着不需要负责任。对日本的图书编辑来说，他们最重要的任务就是为作者服务，并敦

促着"先生，马上就要交稿了呢"。

　　无论如何，在现时点，我们确实很难说清楚究竟是中国还是日本的编辑模式更贴近图书市场，这恐怕还需要由时间来加以验证。

　　（本章节略版曾以《中日图书编辑异同之解读》为题发表于《编辑学刊》2013 年第 4 期）

第四章
中日图书版权输出之异同

中国和日本都是亚洲的文化大国，所谓文化大国，其标志之一就是文化输出。文化输出的内容主要包括图书、音乐及影像，如果就战后文化输出的历史渊源而言，在日本，影像的输出应该是三者之中的先行者。1963 年，《铁臂阿童木》在日本国内上映 9 个月后即西渡美国，揭开了战后日本文化对外输出的帷幕。从此，这种文化输出便一发不可收。时至如今，像阿童木、皮卡丘、蜡笔小新、村上春树、宫崎骏等都已经成为日本文化对外输出的代表性人物。

而在中国，真正意义上的版权输出，要到 1992 年中国成为《保护文学和艺术作品伯尔尼公约》和《世界版权公约》签约国之后。在这约 20 年的时间里，中国的版权贸易有了飞速发展，其中，图书版权的输出从 1995 年的 354 种增加到了 2010 年的 3880 种，16 年间增长了近 10 倍。不过总体而言，中国的图书版权输出，无论是在输出的品种及金额上，还是在输出输入之比上，与日本相比都要落后许多。

一 现状——数量及实例的比较

中国图书版权的输出，从严格意义上讲，应该是在 1992 年之后。根据国家版权局的有关资料，1990 ~ 2000 年，总共输出图书版权约 5100 种，平均每年输出 500 余种。而在这 11 年间，引进的图书版权约 25700 种，就版权的引进与输出之比来看，11 年间二者之比大约是 5：1。

进入 21 世纪后，在政府相关政策的扶植与支持下，中国图书版权输出的速度明显加快。从 2001 年的 653 种，到 2011 年的 5922 种，11 年间增长了 8 倍（参见表 4 - 1）。

表 4 - 1　2001～2011 年中国图书版权引进及输出数据统计

单位：种

年份	2001	2002	2003	2004	2005	2006	2007	2008	2009	2010	2011
引进	8250	10235	12516	10040	9382	10950	10255	15776	12914	13724	14708
输出	653	1297	811	1314	1434	2050	2571	2440	3121	3880	5922
二者之比	12.6：1	7.9：1	15.4：1	7.6：1	6.5：1	5.3：1	4.0：1	6.5：1	4.1：1	3.5：1	2.5：1

资料来源：本表根据国家版权局及历年《中国出版年鉴》有关资料统计制作。

在这过程中，以版权主要输出地区分布统计，在 2011 年，排名前 10 位的图书版权输出对象国及地区分别为中国台湾、美国、韩国、英国、中国香港、日本、德国、法国、新加坡以及俄罗斯（参见表4 - 2）。其中，对亚洲地区的版权输出数占版权输出总数的 46.7%。

在图书版权输出的个案中，也出现了像苏叔阳的《中国读本》、姜戎的《狼图腾》及于丹的《于丹〈论语〉心得》这样的奇葩。其中，《于丹〈论语〉心得》"海外版权共签约 33 个，涉及 28 个语种、33 个版本，目前已经出版的有中文繁体、韩、日、英、德、意、西、荷、法、葡、希、挪威、芬兰、瑞典、冰岛、印尼、匈等 17 个语种的 22 个版本，实际印刷 18 万册，版权收益到账 200 多万元人民币"。①

---

① 张洪波：《2010 年中国出版"走出去"分析报告》，载《中国出版年鉴 2011》，中国出版年鉴社，2011，第 176 页。

表 4 - 2　2002 ~ 2011 年中国图书版权主要输出地区分布统计

单位：种

年　份	2002	2003	2004	2005	2006	2007	2008	2009	2010	2011
美　　国	9	5	14	16	147	196	122	267	1147	766
英　　国	6	2	16	74	66	109	45	220	178	422
德　　国	2	1	20	9	104	14	96	173	120	127
法　　国	1	11	4	7	14	50	64	26	121	126
俄 罗 斯	0	1	0	6	66	100	115	54	11	40
加 拿 大	0	0	0	0	25	13	29	10	86	15
新 加 坡	—	9	30	43	47	171	127	60	375	131
日　　本	18	15	22	15	116	73	56	101	214	161
韩　　国	103	89	114	304	363	334	303	253	360	446
中国香港	352	178	278	168	119	116	297	219	534	366
中国澳门	—	—	94	1	53	38	47	10	6	19
中国台湾	755	472	655	669	702	630	603	682	1395	1644
合　　计	1297	811	1314	1434	2050	2571	2440	3121	3880	5922

资料来源：本表根据中国版权局有关资料整理制作。

不过，在此期间，中国图书版权的引进速度也在加快，从 2001 年的 8250 种，增加到 2011 年的 14708 种，11 年间增长近 1 倍。图书版权的引进与输出之比从 2001 年的 12.6∶1 降至 2011 年的 2.5∶1。

以版权主要引进地区分布统计，在 2011 年，排名前 10 位的图书版权引进国及地区分别为美国、英国、日本、中国台湾、韩国、德国、法国、中国香港、新加坡以及加拿大（参见表 4 - 3）。不过，在版权的引进方面，可以说欧美地区占据绝对的优势。其中，仅美、英、德、法、加、俄西方 6 国的版权引进数就占版权引进总数的 58.4%。

日本图书的输出可分为两类。一类是图书的输出。输出的主要为日本国内出版的日文及英文版图书。根据日本财务省的有关资料统计，在 1999 ~ 2010 年间，这种输出是呈 V 字形的。即先是从 1999 年的 305 亿日元直落到 2008 年的 234 亿日元，然后又回升到 2010 年的 347 亿日元。而且，在 2010 年，日本的图书输出还实现了一个大

表 4 – 3 2002～2011 年中国图书版权主要引进地区分布统计

单位：种

年 份	2002	2003	2004	2005	2006	2007	2008	2009	2010	2011
美 国	4544	5506	4068	3932	3957	3878	4011	4533	5284	4553
英 国	1821	2505	2030	1647	1296	1635	1754	1847	2429	2256
德 国	404	653	504	366	303	585	600	693	739	881
法 国	194	342	313	320	253	393	433	414	414	706
俄 罗 斯	10	56	20	49	38	92	49	58	58	55
加 拿 大	9	39	80	39	40	33	59	73	111	133
新 加 坡	—	132	156	140	156	228	292	342	335	200
日 本	908	838	694	705	484	822	1134	1261	1766	1982
韩 国	275	269	250	554	315	416	755	799	1027	1047
中国香港	178	335	264	204	144	268	195	398	877	345
中国澳门	—	—	—	43	2	—	10	—	24	1
中国台湾	1275	1319	1173	1038	749	892	6040	1444	1747	1295
合 计	10235	12516	10040	9382	10950	10255	15776	12914	13724	14708

资料来源：本表根据中国版权局有关资料整理制作。

的跨越，图书输出的金额第一次超过了图书引进的金额（参见表 4 – 4）。

表 4 – 4 1999～2010 年日本图书引进及输出金额统计

单位：亿日元

年份	1999	2000	2001	2002	2003	2004	2005	2006	2007	2008	2009	2010
引进	381	406	417	444	418	397	371	359	343	328	320	308
输出	305	310	316	327	320	278	250	253	235	234	293	347

资料来源：本表根据日本财务省《贸易统计》有关资料编制。

另一类则是版权的输出。根据日本经济产业省文化情报关联产业课所提供的最新资料统计，在进入 21 世纪以后，日本的图书版权无论是在输出还是在引进上似乎都呈现一种下滑的态势（参见表 4 – 5）。

表 4-5　2003~2011 年日本图书版权引进及输出金额统计

单位：亿日元

年份	2003	2004	2005	2006	2007	2008	2009	2010	2011
引进	367	327	301	308	296	269	229	227	216
输出	121	107	98	103	107	101	76	78	73

资料来源：本表根据日本经济产业省传真资料编制。

必须指出的是，这种下滑的态势也可能与日本出版社的海外战略有关，如小学馆、集英社与 ShoPro 共同出资在美国成立合资公司 VIZ Media，在 2011 年全美图书销售前 10 位的漫画图书中有 7 位都是 VIZ Media 出品的。① 因为 VIZ Media 是美国公司，结果这些数据就没有被列入日本图书版权输出的统计内。有资料显示，日本漫画仅 2007 年在美国的销售金额就高达 2.1 亿美元。②

至于日本图书版权输出的个案，最为亮丽的要算村上春树，一本《1Q84》，在韩国拍出 15 亿韩元（约合 840 万元人民币）的天价，创下该国出版界历史最高纪录。而中国大陆简体字版权的预付金也高达 100 万美元，据说简体字版的首印数甚至超过了 100 万册。此外，还有英语、法语、西班牙语版等其他 20 多个语种的版权输出。此外，日本还有一批海外知名度较高的作者，如《蜡笔小新》的作者臼井仪人、《失乐园》的作者渡边淳一、《名侦探柯南》的作者青山刚昌、《湖边凶杀案》的作者东野圭吾等，他们构成了日本图书版权输出的重要支柱。

因此，就图书版权输出的现状而言，可以说中国已经进入了输出的快车道，这其中既有一年 5922 种图书版权输出的统计数据，也有了苏叔阳、姜戎、于丹这样的个例。但是，与日本图书版权输出的亮丽相比，且不说日本有海外图书一年销售 347 亿日元的实绩，

---

① 日本経済産業省：《通商白書》，日本经济产业省网站，2012，第 337 页，http://www.meti.go.jp/report/tsuhaku2012/index.html，最后访问日期：2013 年 11 月 19 日。

② 日本経済産業省：《通商白書》，日本经济产业省网站，2012，第 338 页。

更重要的在于我们不仅缺少像村上春树这样世界级的作家，而且缺少像渡边淳一、青山刚昌这样海外知名度较高的一流作家的作品支撑。

二　政策导向——姿态及对策的解读

中国图书版权的输出，可以说是在中国政府"让中国走向世界，让世界了解中国"的政策指导下起航的。因此，从一开始它的身上就带有深深的政策导向的烙印。

在 2002 年，党的十六大明确提出了"走出去"战略，在此背景下，2006 年，新闻出版总署和国务院新闻办联合推出了"中国图书对外推广计划"。该计划采取资助翻译费的方式，鼓励包括国内出版社在内的各国出版机构翻译出版中文版图书。随后，在 2009 年，又启动了"中国文化著作翻译出版工程"、"经典中国国际出版工程"，采取资助翻译费、出版费、推广费等分列合算的方式，加大对国外出版机构向国外的图书市场翻译出版中国文化著作以及传统经典文化中的精品图书的资助力度。与此同时，在 2009 年，国家社科基金也启动了"中华学术外译项目"，以资助哲学社会科学研究的优秀成果通过外文形式在国外权威出版机构出版。

毫无疑问，国家政策的推出加速了中国图书版权的对外输出。截至 2009 年底，"中国图书对外推广计划"共资助 46 个国家的 246 家出版机构的 1350 个合作项目，涉及 1950 种图书，26 个文版。[①] 如果加上 2009 年启动的"中国文化著作翻译出版工程"所资助的 171 种输出版图书，那么，在 2006～2009 年间，政府资助的输出版图书达 2121 种。而在同期，输出版图书的总数为 10182 种。受政

---

① 王仲伟：《在"中国图书对外推广计划"2010 外国专家座谈会上的讲话》，国务院新闻办网站，http://www.scio.gov.cn/xwbjs/zygy/wgq/jh/200909/t400740.htm，最后访问日期：2013 年 11 月 19 日。

府资助的图书竟占输出版图书总数的 20.8%，可见政府资助的力度之大。

　　受政策的影响，国内各出版社也都积极参与了对图书版权的输出。如安徽少年儿童出版社，在 2007～2011 年的 5 年间，引进图书292 种，输出图书达 302 种，从而在全国专业少儿出版社中，率先实现版权贸易的顺差。而且"在版权输出的过程中，该社不是简单地向外方推销自己的图书版权，而是面向外方市场，因地制宜地对已有图书品种进行适当改造，使之更加适应对方土壤"。① 此外，还有南京大学出版社，在 2009 年，就《中国思想家评传·简明读本》与日本北陆大学出版会签订了一揽子协议。根据协议，双方将在2010～2013 年的 4 年间，合作翻译出版包括《孔子》、《李白》在内的 15 部中国著名历史人物评传的日文版。事实上，在评传的日文版之外，也已经推出了评传的英文版，并在积极策划推出评传的韩文版及德文版。

　　国内出版社对图书版权输出的积极姿态，还表现在对"年度输出版、引进版优秀图书"评选活动的参与上。这个由中国版协国际合作出版工作委员会、中国新闻出版研究院及《出版参考》杂志社组织发起的评选，至今已连续进行了 10 届，在 2011 年有 172 家出版社的 896 种图书参加评选，这一数字表明，全国近 1/3 的出版社都已经有了图书版权输出与引进的实绩。

　　海外如日本，说起图书版权的输出，政府的姿态也比较积极。早在 1996 年，日本政府就公布实施了《21 世纪文化立国方略》，明确提出要从经济大国转变为文化输出大国。在此背景下，2002 年，日本文化厅制定了"现代日本文学的海外翻译和出版资助"项目，之所以选择现代日本文学，是因为政府方面意识到"日本的文学作品，不仅能够传达日本人的文化及价值观，还具有对外宣传日本社

---

① 刘蓓蓓：《率先实现专业少儿出版版贸顺差　安少社转企改制后取得历史性突破》，《中国新闻出版报》2011 年 11 月 9 日。

会的效果，因此，将我国的优秀文学作品翻译成为英语等外国语在国外出版，有助于积极推进海外各国民众对日本文化的认识"。① 2002～2012年，总共有121大项（222小项）获得资助，已翻译出版作品147部。不过，该项目所资助的面比较窄，仅限文学作品，而且翻译的语种也仅限于英语、法语、俄语和西班牙语。令人遗憾的是，在2012年6月，该项目却因为有"有识之士"指责"已经有相当多的代表作品作为民间的事业并运用多种语言翻译出版，因此没有必要用国费来实施这个项目"，② 最终被文化厅中止了。

与文化厅相比，日本外务省下属的国际交流基金对海外翻译出版的资助，无论是在资助的作品的面上，还是在资助的语种上都要宽松许多。从具体实施情况来看，2006～2011年的6年间，总共资助项目359项，年均资助项目为60项。资助出版的语种包括汉语、英语、法语、俄语、西班牙语、阿拉伯语、越南语、捷克语等20多个。③

必须指出的是，在图书版权的输出上，日本有一个非常独特的亮点就是民间社团的参与。这些民间社团包括笹川平和财团、三得利文化财团、美国研究振兴会、日韩文化交流基金等，它们每年都拨出专门的款项以支持日本图书的对外版权输出。其中，三得利文化财团每年出资500万日元，资助10种人文社会科学类图书的海外出版。而笹川平和财团自2009年起，在中国遴选出了社会科学文献出版社、南京大学出版社等7家出版社，负责"阅读日本书系"项目，每年资助

① 日本文化厅：《国際文化交流の推進方策》，日本文化厅网站，http：//www.bunka.go.jp/1kokusai/kokusai_ kouryuu4.html，最后访问日期：2013年11月19日。
② 《文化厅「現代日本文学の翻訳・普及事業」が廃止される根拠になった「日本文学は海外で年平均470冊翻訳出版されている」という数字がただの集計ミスだったことについて》，Asia Mystery League网站，http：//www36.atwiki.jp/asianmystery/pages/194.html，最后访问日期：2013年11月19日。
③ 日本国际交流基金：《文化芸術交流・出版分野の支援》，日本国际交流基金网站，http：//www.jpf.go.jp/j/culture/media/publish/index.html，最后访问日期：2013年11月19日。

出版 10~15 种人文社会科学类中译本图书，目前已经出版作品 34 部，这些作品比较全面地刻画了当代日本的社会风貌。[①]

　　与政府及民间社团表现出来的积极姿态相比，在图书版权输出方面，相当一些日本出版社的姿态是消极的。在我们与日本出版社所进行的版权交涉过程中，有 30% 以上的信函是得不到对方回复的。这是因为，首先，对出版社而言，版权输出的总体经济效益不高。虽然有像村上春树的《1Q84》那样数百万美元版权的个别事例，但更多的版税都介于 10 万~50 万日元间，由此出版社方面就缺少了版权输出的动力。其次，日本的图书版权是由出版社及作者共同持有。也就是说，出版社在版权输出时，还必须得到作者的同意。这不仅给版权交涉增添麻烦，而且还会分割出版社的版税收入。还有，绝大多数的日本出版社缺乏版权输出的专门人才，而不得不委托版权代理公司予以代理。也正因为上述因素的存在，日本出版社的对外版权输出至少在姿态上就显得不那么积极。

　　由此而言，在图书版权输出问题上，中日两国政府都表现出了一种积极的姿态，也都采取了相应的对策。不过，与日本政府相比，中国政府的姿态要更积极，资助力度也大得多。"年度输出版、引进版优秀图书"的评选以及全国近 1/3 的出版社有着图书版权输出的实绩，也表明了中国出版社对图书版权输出所持有的积极姿态。相比之下，日本出版社的表现就不那么令人满意了，唯有日本民间社团的参与构成了不可或缺的亮丽景色。

三　前景——瓶颈及突围的分析

　　经过 20 年的开拓，中国图书版权的输出有了飞速的发展。如果

---

① 笹川日中友好基金会：《介绍现代日本图书翻译出版》，笹川日中友好基金会官方网站，http://www.spf.org/sjcff/j/program/2010/301/301-01.html，最后访问日期：2013 年 11 月 19 日。

仅就图书版权输出的量而言，从 1995 年的 354 种，到 2011 年的 5922 种，可以说是每年一个台阶。而且图书版权输出的结构也得到了优化，从原来偏重中国台湾、日本及东南亚地区，到现在遍布美、加、英、法、德、俄等国家。但是，如果将中国图书版权的输出与输入加以比较的话，显然存在着较大的版权贸易逆差，2010 年的数字是 1∶2.5。如果再将中国图书版权的输出量放到世界范围加以比较的话，那么，中国的版权输出额仅占世界版权输出总额的 0.2%，远低于美国（22%）、法国（14.7%）和日本（3%）。由此可知，中国图书版权的"走出去"之路确实是任重而道远。

对于承载着中国文化"走出去"重任的出版业而言，图书版权的输出不仅是实现出版业自身可持续发展的需要，同时也是应对经济、文化全球化的客观要求。因此，既需要站在文化战略的高度正视图书版权输出面临的困境，同时也需要从版权贸易的细节中寻求图书版权输出的出路。

就目前中国图书版权输出的状态而言，可以简单概括为"一长三短"。一长，是指政府的支持；三短，是指缺少"好"的作家及作品，缺少"好"的译者，缺少专业化的信息平台。

2009 年 7 月，国务院通过了《文化产业振兴规划》，明确提出"坚持推动中华民族文化发展与吸收世界优秀文化相结合，走中国特色文化产业发展道路"，并且要求"落实鼓励和支持文化产品与服务出口的政策，扩大对外文化贸易"。这意味着图书版权的输出作为国家"走出去"战略的优先发展方向，在今后的一段时间内，依然会得到国家政策的强力支持。毫无疑问，这是中国图书版权输出的长处。

首先，缺少"好"的作家及作品。这里的"好"是指能够得到国际认同的"好"。因为，图书版权的输出不只是作品的输出，事实上也是一种文化理念及社会观念的输出。想要让输出的作品内容得到所在国读者的认同，就需要能提炼出具有人类共性的价值观念。在我们以往的作品中，也许是过多地注意了民族性的问题，而忽略了寻找人类共性的价值观念。这样的作品，就比较难引起海外读者的共鸣。曾成功地将《藏獒》一书版权输出到台湾的人民文学出版社的张健说过："一项版权贸易的成功自然有技术层面的因素，但更重要的是作品本身必须优秀。"① 而《藏獒》正是这样一部以人类的共性为素材的优秀作品。

其次，缺少"好"的译者。图书版权的输出，翻译永远是第一位的问题。这里所说的"好"的译者，是指能够理解中国文化，并精通本国文字的译者。将《联想风云》版权输出到美国的李英洪就曾说过，"对外输出版权的最大瓶颈，在于译者的素质"。正是因为他找到了精通中美两国语言文化，曾将张贤亮的作品介绍到美国的Martha Avery 女士，随后将 Martha Avery 的英译文提交给了约翰·威利父子公司，才有约翰公司购买英文版权的意愿。②

最后，缺少专业化的信息平台。所谓专业化信息平台，是指国内外出版商之间的交流平台。目前缺少这样的交流平台，就造成了国内出版社因为缺乏对国外图书市场及读者需求的了解，为了版权的输出，奔走在各种版权展览或洽谈会上，撞大运般地让自己手中的书稿辗转在国外各家出版商手中。同样的，国外的出版商也因为没有合适的渠道联系国内出版社，更无从了解中国具有输出潜质的优秀图书。我们认为，应该由国家版权局牵头，建立一个版权信息交流的英文平台，一方面整合国内各家出版社的出版及版权转让信息给国外出版商，另一方面将国外图书市场及读者的需求转递给国内出版社。

由此看来，中国图书的"走出去"，并不是能够一蹴而就的，它还需要政府、出版社、作者、译者以及版权经理人共同努力，如此方能走出瓶颈，实现突破。

---

① 张健：《作品优秀是前提——〈藏獒〉版权输出回顾》，《出版参考》（业内资讯版）2006 年第 9S 期。

② 李英洪：《风云飘四海——〈联想风云〉英文版全球上市经验谈》，《出版参考》（业内资讯版）2006 年第 9S 期。

与中国的图书版权输出所面临的困境相比，日本的图书版权输出正处于一个上升的通道。早在 2006 年前，其图书版权输出的金额就已经超过版权引进的金额，而到了 2010 年，图书输出的金额有史以来也第一次超过了图书引进的金额。

日本的图书版权输出的成功，如前所述，固然有政府的支持及民间社团的积极参与，更重要的是他们拥有"好"的作家及作品。有"好"的作家，自不待言，像村上春树、渡边淳一、青山刚昌、东野圭吾等，都已成为世界知名的作家。至于有"好"的作品，因为"日本的出版具有独特的文化属性。日本的大众读物除了有一种通俗倾向之外，还有一定的亚学术特征，并且学术含量较高"。① 所以，即便是日本的大众类图书，也都具有融通俗于学术之中的魅力。

必须指出的是，在日本图书"走出去"的过程中，虽然有一些出版社表现消极，但是，日本所有的版权输出渠道在某种意义上弥补了出版社的缺陷。就日本版权输出的渠道而言，主要可分为三大类：（1）海外版权代理公司。以面向中国市场的版权代理为例，就有中国台湾的博达、韩国的爱力阳以及中国大陆的汉和、向远等。这些版代公司代理了日本对华图书版权输出的 70% 左右。（2）出版社自行输出。这一类的出版社主要有讲谈社、岩波书店等，不过数量很少，其特点是出版社本身都设有法务室，因而能具体从事版权输出。（3）日本本土的版权代理公司。主要有日本著作权输出中心（JFC）、酒井著作权事务所等。仅日本著作权输出中心一家公司，从 1984 年创办至今，其对外图书版权的输出就多达 13000 种，分布在世界 40 多个国家和地区。

综上所述，在国家政策的扶植下，中国的图书正面临"走出去"的最好时机，图书版权的引进与输出之间的贸易逆差也正在缓慢地、清晰地日趋缩小。但是，与日本相比较，如果想要让中国的图书在国际的大舞台上走得更远，那么，我们还需要有"好"的作家及作

---

① 诸葛蔚东：《日本出版走向海外的途径分析》，《中国出版》2010 年第 5 期。

品和行之有效的版权输出渠道。与此同时，还需要一个平台，一个能将我们的产品、文化和作家，很顺畅地传送到国外的平台。这也是我们当代出版人所肩负的刻不容缓的历史责任。

　　（本章节略版曾以《中日图书版权输出之比较研究》为题发表于《现代出版》2013 年第 2 期）

第五章
中日图书销售市场之异同

如果说进入 21 世纪以来，不断萎缩的日本图书市场规模是日本图书出版业不可言喻的痛的话，那么，对中国的图书销售市场来说，却是超高速发展的黄金时代。可以预期，随着日本图书市场的继续走低，2012 年中国图书市场的规模势必全面超越日本。在此背景下，本章通过对中日两国图书销售的市场规模、销售渠道、销售手段等方面的比较，分析了解其未来的市场前景。就中国国内的图书销售市场而言，新开的车站店、机场店以及超市店因其行业垄断性所致的利润过低，没有能成为图书销售的主流；图书网络销售虽然领先日本，同样因为份额过低难撑大业。于是，在行业外企业大举进入图书销售领域的背景下，如何避免书店系统图书销售的边缘化，已成为目前中国出版社以及书店所面临的最大难题。

一 图书销售市场的规模变迁

作为一个曾经的图书出版大国，在 1996 年，日本的图书销售额曾高达 10931 亿日元。然而，受经济持续低迷、出生率降低、电子书籍扩张以及国民阅读量减少等诸多因素的影响，自 1997 年以来，日本图书的销售金额可以说是一路下滑，至 2011 年，其图书市场的销售金额仅为 8198 亿日元（参见图 2 - 1）。

随着日本图书市场规模的日渐萎缩，其图书销售的网点以及图书销售从业人员的数量，也都出现了不同程度的下降。2002 年，日本全国共有图书销售网点 80004 家（包括独立书店、24 小时店、车站店等），至 2007 年，已经减少到了 77576 家。① 而其中，独立书店歇业的程度最为严重。2002 年，日本全国共有独立书店 19946 家，到了 2007 年，只剩下 16750 家了。受此影响，日本全国书店的从业人员也从 2002 年的 15.6 万人锐减到了 2007 年的 14.5 万人。如果再加上 24 小时店、车站店等 63 万余人的从业人员的话，日本全国从事图书销售的人员数应该在 77.5 万人。

在 1978 年，中国的图书销售额仅为人民币 9.30 亿元。然而，随着经济发展、社会生活水平提高以及国民阅读总量的增加，中国的图书市场呈现出了持续发展的繁荣景象。至 2011 年，全国图书的销售金额高达 653.59 亿元（约合 8170 亿日元，参见图 1 - 1），已基本接近日本图书市场的规模。

随着中国图书市场规模的不断扩大，国内图书销售的网点以及图书销售从业人员的数量，也都出现了不同程度的增加。根据新闻出版总署公布的有关资料，2001 年，全国共有图书销售网点 74235 家（包括新华书店、供销社、出版社所属书店、其他系统所属书店及二级民营批发网点等），至 2011 年，已经增加到了 168586 家。受此影响，全国图书销售从业人员也从 2001 年的 25 万人增加到了 2011 年的 72.4 万人。②

由此而言，随着日本图书销售金额的不断下滑以及中国图书销

---

① 日本全国出版協会、出版科学研究所：《2012 年版　出版指標年報》，出版科学研究所，2012，第 326 页。
② 国家新闻出版总署：《全国新闻出版业基本情况 2001～2011 年》，总署官网，http://cips.chinapublish.com.cn/chinapublish/hw/syzx/dlcbygk/，最后访问日期：2013 年 11 月 19 日。

售金额的连年上升，中日两国图书市场的规模已经开始呈现出逆转的势态。这种逆转的势态，同样也反映在两国图书销售网点以及图书销售从业人员数量的变化上。毫无疑问，如果仅就中国图书出版业的市场发展而言，这确实是一个充满活力的时代。

二 图书销售渠道的演变

日本的图书销售渠道主要由独立书店、24 小时店、车站店、生协（生活协同组合）、立式小店以及网络销售等构成。进入 21 世纪以来，日本独立书店的总量处于不断减少中，而 24 小时店、车站店及立式小店等开店数量却在不停地增加。如日本国铁 JR 所属的东日本 KIOSK 股份公司，2000 年时拥有 1647 个分店，营业额达 1990 亿日元，其中报刊和图书的销售额约占商品总销售额的 29%。如今，KIOSK 在全日本的店铺已经扩展到了 4000 多家。此外，还有在全日本拥有 13232 家店铺的 7－11 以及像 LOWSON、家庭市场、am/pm 这样的 24 小时店或 NEWDAYS 这样的立式小店也都兼卖图书。

但是，从图书的销售金额上看，独立书店依然是目前日本国内最大和最重要的图书销售渠道。如果按百分比来计算，从 2001 年至 2010 年，日本独立书店的图书销售金额几乎每年都保持在 70% 以上。有意思的是，即便是后起的网络销售渠道，也丝毫没能动摇独立书店的图书销售地位，它所侵占的更多的是 24 小时店、车站店及立式小店所有的图书市场份额（参见表 5－1）。同样以 KIOSK 公司为例，到了 2006 年，虽然它的店铺数增加了，但是，它的三大商品——香烟、报刊、图书的销售金额却比 2001 年下降了 60% ～ 70%。[①]

---

① 川又英紀：《暗算不要でKIOSKを立て直し「立地安住」の意識を笑顔で改革》，《日経ビジネス》，2009 年 10 月 7 日，http://business.nikkeibp.co.jp/article/manage/20090930/205894/？rt＝nocnt，最后访问日期：2013 年 11 月 19 日。

表 5 - 1　2001～2010 年日本各销售渠道图书杂志销售金额统计

单位：亿日元

年份	总　数	独立书店	24 小时店	车站店	网络销售	其　他
2001	23402	16533	4901	1053	—	915
2002	23023	16289	4893	964	—	877
2003	22598	16192	4638	923	—	845
2004	22330	16249	4471	812	—	798
2005	21948	16036	4329	749	—	834
2006	21626	15964	4253	711	—	698
2007	21102	15019	3822	676	932	653
2008	20505	14678	3547	636	1012	632
2009	19732	14268	3124	595	1134	611
2010	19286	14017	2860	534	1285	590

资料来源：本表根据日贩《出版物销售实态 2012 年》有关资料编制。

　　鉴于 24 小时店、车站店及立式小店等图书销售业绩的低下，日本的一些著名出版社开始直接投资书店，以推动图书的销售。如小学馆、讲谈社、集英社等分别在 2011～2012 年间，各自出资 1 千多亿日元，投资日本最大的二手书店 Book of Corporation。与此同时，这些出版社也加快了网络销售步伐。自 2000 年以来，日本有半数以上的出版社、图书中介公司以及独立书店以不同的形式参与了网络营销，从而使得日本图书杂志的网络销售额从 2001 年的 145 亿日元增长到了 2010 年的 1285 亿日元。至 2010 年，日本图书杂志的网络销售金额已占全部图书销售金额的 6.7%。

　　在中国，图书销售的渠道，主要由新华书店、供销社、出版社所属书店、其他系统所属书店、二级民营批发网点及集体个人零售网点所构成。从渠道构成的数量变化分析，自 2001 年以来，新华书店、供销社、出版社所属书店的数量正在急剧减少，与此同时，其他系统所属书店、二级民营批发网点及集体个人零售网点却有大幅度的增加（参见表 1 - 13）。

在此背景下，如果我们将新华书店系统的图书销售金额与当年全国的图书销售金额相除，不难发现，以新华书店系统为龙头的销售渠道，虽然至今仍占有50%以上的市场份额，但其所占有的比例却从2001年的68.5%下降到了2011年的53.2%（参见图1-4）。

在此背景下，不同于日本出版界注重独立书店的营销，在中国，人们更多地侧重其他系统所属书店、二级民营批发网点及集体个人零售网点的发展。特别是随着交通业的发展，高铁、地铁以及机场等交通站点已成为发展最快的图书销售网点。不过，必须指出的是，交通站点的图书网点的发展是带有一定系统垄断性的。如上海虹桥机场书店主要由机场下属的鸿兆图书销售有限公司经营，而广州地铁的28个书报刊零售点，则分别隶属广州市新报报刊有限公司、中信文化公司和广州地铁公司。

至于超市、便利店等图书网点的设置，也已经在国内各大城市展开。如上海少年儿童图书连锁有限公司，在20家大百货店和10家超市中建立起自己的卖场，年销售额超过2000万元。而在广州，据称有700余个便利店网点，分别被广州市金榜图书销售有限公司和广州如荼文化传播公司所包揽。不过，超市、便利店的图书营销目前所面临的最大困惑就是高达成本20%的进场费及其他营销费用。

毫无疑问，网络销售是中国图书销售的一大亮点。来自开卷的数据显示，2010年，全国图书销售金额近370亿元，其中网络销售就占50亿元，约占总额的13.5%。国内著名出版人路金波对此数据的解读是："从2008年以来，通过电商渠道销售的图书年均增幅达100%，目前，电商渠道在出版社总体的市场占比从以往的不到5%，增长到35%以上。而畅销书类的网络销售已经占到整体图书零售额的60%左右。"[1]

由此而言，面对图书市场销售的不景气，中日两国的图书出版业都在寻找新的销售渠道。然而，鉴于24小时店、车站店以及立式

---

① 肖昕：《畅销书网络销售额占60%　实体书店相继败走麦城》，《南方都市报》2011年11月11日。

小店的销售业绩不理想，日本的图书出版业正加紧对独立书店及网络销售的渗入。而在中国，虽说有其他系统所属书店以及集体个人零售网点的发展亮点，但受制于车站店、机场店以及超市这些场所的垄断性及其高额进场费，因此，它们就很难成为图书销售真正的主流市场。至于图书的网络销售比例，则远远领先于日本。

三　图书销售手段的创新

所谓图书销售手段的创新，实际上就是利用创造性的方法，来最大化地满足人们对更多图书的需求。在日本，因为独立书店依然占有 70% 以上的图书市场份额，所以，日本的出版社、图书营销公司特别是书店自身都非常注重对书店营销手段的拓展。

至于出版社对书店的重视，除前所述有小学馆、讲谈社、集英社等著名出版社直接投资书店，来推动各自的图书销售之外，还有宝岛社自 2005 年至今所推出的"买书刊赠礼品"的营销活动（详见第二章第四节）。

而图书营销公司对书店的重视，则反映在日本著书贩促中心的创新上，据称这家图书营销公司收集了日本 16785 家独立书店以及 3026 家图书馆的传真号码，在此基础上开发出了一个 FAX DM 对店直接系统。系统直接连接着日本所有的书店及图书馆的传真号码，然后根据出版社的要求以及作品内容、不同地区购读者的阅读嗜好，选择性地向书店及图书馆进行作品推销，并且取得了平均每发 2 份传真卖 1 本书的销售业绩。[①] 而老牌的图书营销公司东贩也保持着与日本 3734 家出版社及 14696 家独立书店的联系，并在 2011 年取得了 5039 亿日元的骄人业绩。

相对于日本的出版社与图书营销公司，面对连年萎缩的图书市场前景，在图书营销手段的创新上，出于维护自身利益的日本书店

---

① 田雁：《电子书时代日本出版业的自救》，《现代出版》2012 年第 1 期。

显得格外地用心。自 2010 年起，它们先后推出纪伊国屋书店模式和三省堂书店模式。纪伊国屋书店模式主要是通过"纪伊国屋书店BookWeb"的设立，来负责统筹全部店铺的电子书籍的销售。目前已经在"BookWeb"上登录销售的电子书籍有数理、医学、经济、小说、艺术、历史等 27 个大类 5000 多个品种，成为日本最大的电子书籍网络销售系统。而三省堂书店模式则源自 Random House 的"个性需求印刷"系统，书店在店堂内安装有印刷装订一体机，购读者在确定所需购买的书籍后，可以直接在店堂印刷装订。一般而言，"个性需求印刷"的服务内容多为精品书籍，主要是外文版书籍及店内长期脱销的日文版书籍。

就图书销售手段的创新而言，与日本不同，在中国，一个突出的亮点是非出版行业大量介入。如中信出版社的《史蒂夫·乔布斯传》一书的营销，在出版之前，就有苏宁电器利用其旗下 1440 余家门店在宣传上的大力配合，中信银行信用卡部则在北京、深圳等城市机场高速道路两旁制作巨幅宣传广告，而京东商城也在北京地铁投放了宣传广告。此外，在北京的公交站点，人们还可以看到凡客诚品以"乔布斯"为主题的户外广告。这些非出版行业的大量介入，无疑拓宽了该书的销售渠道，同时也成为图书销售手段的创新，改变了中国图书出版业多年来的平面营销模式。①

但是，在书店自身的营销方面，由于受新华书店门店数锐减以及民营书店倒闭风潮的影响，目前，人们更多考虑的是对书店的重新定位，即将书店与咖啡馆、图书馆捆绑在一起的文化销售。如北京库布里克书店，靠各种新书发布会和图书沙龙而出名，环境一流。最关键的是，它和单向街图书馆一起，创造了一种新的书店模式：书店 + 咖啡馆 + 沙龙。还有位于上海静安别墅 136 号的上海 2666 图书馆会员制书店，图书销售以纯文学、学术书、港台、英文书为主，

---

① 严葭淇：《乔布斯传国内混战：40 种版本传记源自一本书》，《华夏时报》2011 年11 月 05 日。

而盈利模式则以收取会员费（会员费每个月 100 元，年卡 806 元）和举办各类图书活动为主，兼卖咖啡。

此外，必须指出的是，在中国，网络销售已经成为图书销售的一种常态。这其中，不仅仅有当当、卓越、京东这些网络公司的参与，几乎所有的出版社和新华书店系统也都开设了自己的网店。如上海文艺出版集团就设有官方网店，主要介绍价格较贵的套装书，精装或珍藏版的旧书，网络售价均在定价的 7 折左右。而南京大学出版社也在网上开设网购视窗，配备专门人员定期打理网店。此外，还有一些出版社和书店开通了微博，通过微博发布新书资讯、书评、封面，同时通过网络互动了解读者们的反馈。

由此而言，在日本的出版社、图书营销公司和书店正努力地开拓书店自身的营销手段的同时，中国的出版社及书店却在另辟蹊径，它们一方面将书店与咖啡馆、图书馆捆绑在一起，通过所谓的文化销售寻求书店的生存之路，另一方面又将大量的非出版行业拉入图书销售的领域，并努力使网络销售与微博销售成为一种常态。

四　销售市场前景的展望

由于受销售渠道变化、数字化浪潮的冲击，尤其是受外来企业进入图书销售领域的影响，中日两国的传统图书销售商们正面临着一场深刻的变革。即便是依赖原有图书销售模式的出版社、图书营销公司和书店，也不得不与时俱进地相互持股以适应新环境，因为那些在巨额资本裹挟下的新来者不仅有能力抢走其中相当部分的市场，也会令剩余部分的市场利润减少。为此，他们不得不做出改变，以避免面临崩溃的厄运。

在日本，这种改变主要表现为图书销售领域的不同企业间的相互渗透，而且显得颇为错综复杂。不仅有出版社对书店的注资，也有印刷企业对出版社、书店以及图书电子商务公司的参股，甚至还有书店之间的相互持股（参见图 5-1）。由此呈现出一幅你中有我我中有你，相互竞争又互相合作的复杂态势。显而易见，在图书销售领域，日本出版社、印刷企业与书店之间的这种相互渗透，更多地是为了求得抱团式的发展。而事实上，正是这种抱团式的发展，有效地阻止了外来企业进行图书销售领域，使得日本独立书店的图书销售能够在出版业不大景气的背景下，依然保持 70% 以上的市场占有率。

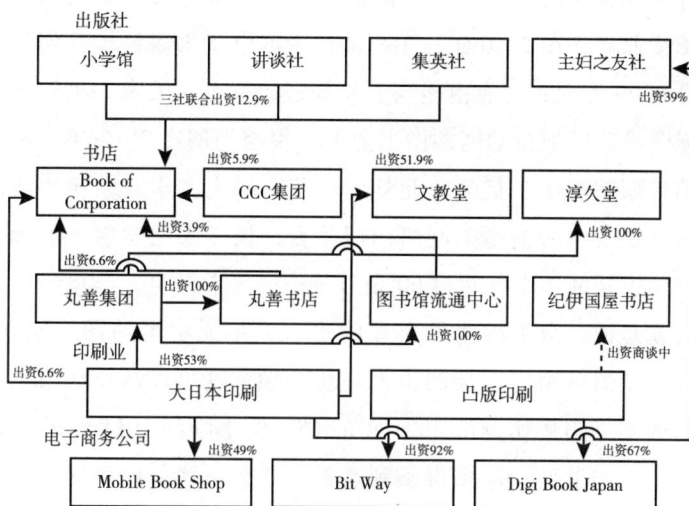

图 5-1　日本图书销售领域的相互渗透

资料来源：本图根据日经业界地图 2013 年版有关资料绘制。

而在中国，在 21 世纪初的前 10 年间，在包括出版社、网络、书店、通信运营商、终端设备厂商等大量新进企业的参与下，中国图书销售市场得到了长足的发展。然而，与日本不同，在图书销售领域，虽说中国的出版社、书店之间也有联合，如在 2007 年有 31 家人民出版社联合打造图书连锁直营专卖体——人民书店的创设，2009 年又有上海新华传媒股份有限公司、解放日报报业集团、上海易狄欧电子科技有限公司共同合资成立上海新华解放数字阅读传媒有限公司，推出亦墨电子阅读终端和新华 e 店网上内容平台。① 只不过所有的这些举措，仅仅是在出版系统内部，通过整合出版资源，进而提高图书市场占有率的一种营销手段。它们并没有能够像日本的图书出版业一样，通过相互出资参股的形式来抱团发展。

出版社、书店之间的这种不兼容，结果就导致了网络、通信运营商及终端设备厂商等行业外企业能够轻而易举地进入中国的图书销售市场。尤其在电子书籍及图书网购市场这一领域，实际上已经成了行业外企业的天下。如中国移动、中国联通及中国电信开通的手机阅读业务，在 2010 年，手机阅读中的电子书籍销售月均收入就已超过 8000 万元；还有由当当、亚马逊、京东三大家，也许还应该加上苏宁易购所把持的网购图书业务，仅当当网在 2012 年一季度的图书销售额就高达 7 亿元；此外，还有由盛大文学、纵横中文网等国内网络运营商所垄断的网络出版平台，仅盛大文学旗下的起点中文网一年上挂的图书就超过 60 余万种……

也就是说，由于行业外企业的进入，今天中国的图书出版业，已经失去了图书销售市场的很大一块份额，这可以从新华书店系统所占有的图书销售比例由 2001 年的 68.5%下降到 2011 年的 53.2%得到佐证。如果这一现象得不到改善，那么，这一比例的下降就会成为一种常态。而这绝非是图书出版业者们所期望的。

综上所述，自 21 世纪初以来，面对深刻的出版"不况"，为摆脱困境，日本的图书出版业者采用了多种方式来扩展自己的销售渠道。然而，鉴于 24 小时店、车站店以及立式小店的销售业绩并不理想，因此，他们又将营销的重点放在了独立书店上，而宝岛社所开展的"买书刊赠礼品"活动以及著书贩促中心所实施的 FAX DM 对店直接系统，就是这种新销售思路的有效尝试。与此同时，他们还通过抱团式的发展，即图书销售领域的不同企业间的相互渗透注资

---

① 陈贝贝：《数字时代　渠道商不能被边缘化》，《出版商务周报》2010 年 7 月 30 日。

及持股，有效地阻止了外来企业对图书销售领域的进入，使得日本独立书店的图书销售在"不况"的背景下，依然保持70%以上的市场占有率。

对于中国图书市场的销售而言，21世纪的头10年，应该说是发展最快的10年。无论是图书销售金额、图书销售的网点数，还是图书销售的从业人数，都有了相当幅度的增长。然而，由于行业外企业对图书销售领域的大举进入，一方面是车站店、机场店以及超市店等行业性门店数急剧增长；另一方面则由中国移动、中国联通与中国电信，当当、亚马逊、京东和苏宁易购，以及盛大文学、纵横中文网等行业外企业垄断了电子书籍及图书网购市场。而这一切的后果是，新华书店所占有的图书销售比例只剩下53.2%，并有可能会越来越少。可以这么说，如何避免图书市场销售的边缘化，是目前中国的出版社以及书店所面临的最大难题。

（本章节略版曾以《中日图书销售市场比较》为题发表于《中国出版》2013年第6期，发表时署名左健、田雁）

第六章
中日电子书市场发展之异同

　　20 世纪末，在计算机技术的推动下，传统出版业在经历了"光与电"的革命后，迅速地迎来了电子书籍的浪潮。就在 2010 年，美国的亚马逊 Kindle 电子书的销售量首次超过纸质书。虽然美国企鹅出版社首席执行官 David Shanks 认为，"目前，电子书还没有成为销售量的主要贡献者，更别说占据主要的销售份额了"，但是对电子书的发展史来说，亚马逊的成功显然是具有里程碑意义的。

　　鉴于 Kindle 的成功，甚至有机构预测，到 2020 年，90% 的图书品种将同时采用数字和纸张方式发行；而到 2030 年，将有 90% 的图书采取网络版本，传统的纸质读物将只占 10%。在此背景下，本章拟就中日两国电子书的市场规模、市场构成、营运方式及市场前景四个方面，通过对世界最大的规模市场日本以及发展最快的市场中国的比较，以加深我们对电子书市场未来走向的认识。对中国的出版社来说，由于"预装图书"的方式以及盛大模式的存在，想要在电子书籍市场上存活下来，可能需要付出比日本出版社更多的努力。

一　市场规模比较

　　追溯电子书的发展历史，可以说它最早出现在日本。早在 1985，日本就已经开发出世界上最早的 CD-ROM 版的电子辞典《最新科学用语辞典》（三修社）。之后，索尼公司又于 1990 年推出了容量为 128MB 的便携式电子辞典——Electronic book。至 2000 年，在日本的图书市场，仅电子辞典的销售额就超过了 600 亿日元（当时 100 日元约合 8.01 元人民币）。①

在 21 世纪的前 10 年间，索尼、松下、富士通等公司先后推出了 LIBRIE、ΣBook、FLEPia 等电子阅读终端，并且进入美国市场与 Kindle 及 iPad 竞争。与此同时，在日本国内，索尼公司联合 KDDI、Toppan 印刷公司以及朝日新闻社等企业建立了 bitway 株式会社，这是一个从内容加工到 PC 配信以及移动终端配信的全流程解决方案的电子书销售公司。② 而日本最大的移动运营商 NTT DoCoMo 也携手日本印刷株式会社等企业开始设立电子书销售合资公司，并开发供图书和报纸等数字内容使用的通用电子平台。

在此背景下，2002 年，日本电子书的市场销量为 10 亿日元，而截至 2009 年，电子书的市场销量就已经超过了 574 亿日元。7 年间，市场规模增长了 56.4 倍。而 2009 年，美国市场上的电子书籍仅为 368 亿日元。③ 因此，就电子书的市场规模而言，日本已经成为目前世界上最大的电子书市场（参见图 6－1）。当然，这个市场的规模甚至还不如日本 10 年前的电子辞典市场。

不过，必须指出的是，在日本电子书的市场销量日渐增长的同时，其品种规模却始终停步不前。如早在 2000 年就由讲谈社、小学

---

① 村濑拓男：《電子書籍の真実》，每日 communications，2010，第 52 页。
② 《ソニー、凸版印刷、KDDI、朝日新聞社が電子書籍配信の企画会社を設立》，Sakura Financial News，http：//www.sakurafinancialnews.com/news/6758/20100527_11，最后访问日期：2013 年 11 月 19 日。
③ 《日本人の1人あたり電子書籍購入額はアメリカ人の3.8倍》，Twitter，http：//www.shiratani.net/2011/02/17/%E6%97%A5%E6%9C%AC%E4%BA%BA%E3%81%AE1%E4%BA%BA%E3%81%82%E3%81%9F%E3%82%8A%E9%9B%BB%E5%AD%90%E6%9B%B8%E7%B1%8D%E8%B3%BC%E5%85%A5%E9%A1%8D%E3%81%AF%E3%82%A2%E3%83%A1%E3%83%AA%E3%82%AB%E4%BA%BA%E3%81%AE3/，最后访问日期：2013 年 11 月 19 日。

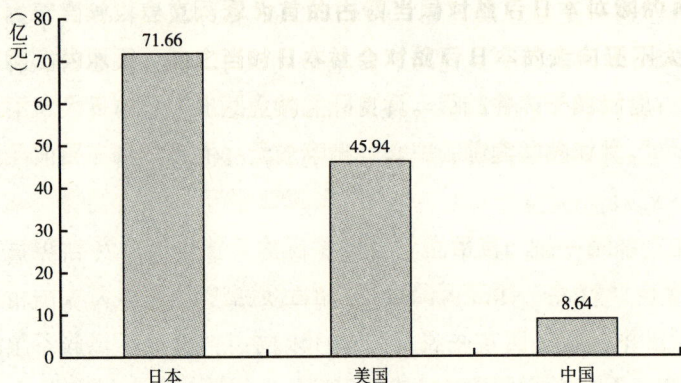

图 6-1　中日美三国电子书市场规模（2009 年）

资料来源：日美部分根据日本《2010 年电子书商务调查报告书》资料绘制，中国部分根据《第五次中国电子图书发展趋势报告》资料绘制。

馆等 21 家大型出版社联合设立的号称日本最大的"电子文库出版"，在 2010 年时所拥有的电子书品种也只有 1.3 万种，如果加上"青空文库"所收录的 1 万余种，大日本印刷的 3 万种，纪伊国屋书店的5000 余种及角川书店的 1000 余种电子图书，总数还不到 6 万种。①

电子书的品种不足无疑是一把双刃剑。一方面，在电子书总数不到 6 万种的情形下，而有 574 亿日元的销售市场，即每种书的平均收益高达 100 万日元，这充分体现出日本电子书产业的盈利能力之强。而在另一方面，品种的不足也限制了电子书市场的自身发展。2004 年，当索尼、松下推出 LIBRIE、ΣBook 等电子阅读器进入电子书市场时，就因为市场缺乏阅读内容，加之单本书的购读成本高达500 日元，结果只卖出了数百台，不得不于 2007 年被迫退出市场。

从历史上看，中国电子书市场起步较晚。直到 2000 年，才有诸

---

① 该组数据由笔者参照日本下列四个网站相关内容综合统计而得：http：//japan.cnet.com/blog/sasaki/2010/04/14/entry _ 27039063/；http：//internet. watch. impress. co.jp/docs/news/20110317 _ 433203. html；http：//alwaystaro. seesaa. net/article/172810334.html；http：//www. kinokuniya. co. jp/company/pressrelease/20110520150318. html。最后访问日期：2013 年 11 月 19 日。

如天津津科电子有限公司、珠海金博览电子科技有限公司这类企业开始参与电子书的开发。其中，天津津科电子有限公司于 2000 年推出的阅读不耗电电子书，曾被列入天津市科委重大科技攻关项目，并在 2003 年获天津市技术发明一等奖。[1] 而珠海金博览电子科技有限公司也是在 2000 年获得了"一种电子文本存贮阅读器"专利后的新建企业。

在 21 世纪的前 10 年间，国内相关的政策扶植，如 2005 年 5 月《互联网著作权行政保护办法》以及电子书产业系统认证标准"NK-WOLF"的实施，不但给电子阅读终端的制造商、电子内容运营商的形成和发展提供了相应的标准，也填补了国内在网络信息传播权行政保护方面规范的空白。从而在包括出版社、网络、书店、通信运营商、终端设备厂商等大量新进企业的参与下，中国电子书市场得到了长足的发展。在 2002 年，电子书的市场销量为 500 万元，而到 2010 年，电子书的市场销量就已经达到了 8.64 亿元[2]，9 年间市场规模增长了近 172 倍。

然而，不可否认的是，中国市场的这一增长，是建立在电子书品种大幅增加的基础之上的。2002 年，中国市场所销售的电子书的品种为 2 万余种，到 2010 年则增加到了 115 万种。[3] 不过，就电子书产业的盈利能力而言，中国电子书的平均收益只有区区 750 元/本。与日本的 100 万日元/本相比，相距甚远。

因此，就电子书籍的市场规模而言，如果说日本是目前世界上最大的电子书市场的话，那么，中国就应该是目前世界上发展最快

---

① 《翰林电子书厂家——天津津科电子有限公司简介》，公司网站，http://www.dianzhishu.com/changjia/20100315 - 287.html，最后访问日期：2013 年 11 月 19 日。

② 《2010~2011 年度中国电子图书发展趋势报告》，读吧网，http://news.du8.com/viewnews - 88935 - page - 4.html，最后访问日期：2013 年 11 月 19 日。

③ 《国产电子书难敌苹果 iPad?》《新闻锋线》，2011 年 5 月 27 日，http://www.dltv.cn/xinwen/2011 - 05/27/cms60766article.shtml，最后访问日期：2013 年 11 月 19 日。

的电子书市场。但是，在电子书产业的盈利能力上，与日本相比，中国确实存在平均收益率低下的缺陷。

二　市场构成比较

从电子书市场的构成来看，日本电子书市场主要包括手持电子阅读终端、PC 阅读及手机阅读三大板块，其中，专用手持终端阅读还是 2009 年新辟的板块。从销售收入上看，手机阅读为 513 亿日元，所占比例为 89.37%；PC 阅读为 55 亿日元，所占比例为 9.58%；手持电子终端阅读只有 6 亿日元，所占比例为 1.05%（参见图 6 - 2）。①

而中国电子书市场则包括数字图书馆、PC 阅读、手机阅读、手持电子终端阅读四大板块。从销售收入上看，数字图书馆为 1.226 亿元，所占比例为 14.20%；PC 阅读为 1.135 亿元，所占比例为 13.14%；手机阅读为 6.143 亿元，所占比例为 71.13%；手持电子终端阅读为 1317 万元，所占比例为 1.53%（参见图 6 - 2）。②

中日之间电子书市场的构成之所以有上述不同，是因为在日本，无论中央还是地方，其图书馆大都受国家财政的资助，因而数字图书馆在原则上是对国民免费开放的。反映在电子书市场上，就没有了数字图书馆收入这一板块。

除此之外，两国之间电子书市场的构成差异还体现在手机阅读板块上。从数字上看，中日两国手机阅读的销售收入份额均占第一位，只不过日本手机阅读所占比例为 89.37%，而中国手机阅读所占比例为 71.13%。但是，仔细分析一下即可以知道，如今日本的手机

---

① 高木利弘：《電子書籍ビジネス調査報告書 2010 ［ケータイ・PC 編］》，インプレスR & D，2010，第 55 页。
② 《国产电子书难敌苹果 iPad?》《新闻锋线》，2011 年 5 月 27 日，http：// www.dltv.cn/xinwen/2011 - 05/27/cms60766article.shtml，最后访问日期：2013 年 11 月 19 日。

手持电子终端阅读
1.05%

PC阅读
9.58%

手机阅读
89.37%

日本

手持电子终端阅读
1.53%

数字图书馆
14.20%

PC阅读
13.14%

手机阅读
71.13%

中国

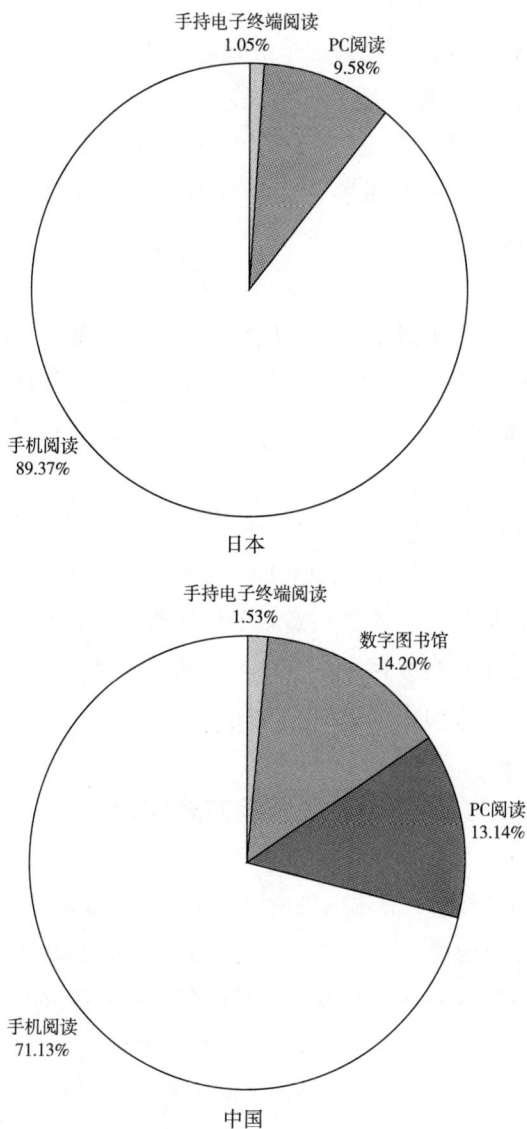

图 6 - 2　中日电子书市场构成

资料来源：日本部分根据《2010 年电子书商务调查报告书》资料绘制，中国部分根据《第五次中国电子图书发展趋势报告》资料绘制。

阅读已经形成了一个产业链。

首先，在日本，手机阅读十分盛行。在 2007 年，《红丝线》、《恋空》、《君空》这三部手机小说就名列当年图书综合排行榜的前三位，其中《恋空》还于当年 11 月被搬上银幕，票房高达 39 亿日元。其次，也更为重要的是，日本文坛还专门出现了手机小说这一文学体裁。对此，速水健朗在其著作《手机小说的秘密》一书中写道："与我们所熟知的小说不同的是，在手机小说里几乎看不到对于情景故事的描写以及心理方面的刻画，取而代之的是数之不尽的登场人物以及毫不相干的小插曲，并且大量使用拟声词。"① 与此同时，在日本很多书店里，还都设有摆放手机小说的专门书架。

相对于日本，中国的手机阅读虽说也已经占市场份额的71.13%，但它没有能够形成真正的产业链。目前国内虽说有手机小说版的小说，但这并不是真正意义上的手机小说，更不用说书店的手机小说专柜了。由此而言，与日本相比，中国手机阅读的后续发展就明显缺乏内容构成及产业上的支撑。

三　市场营运方式比较

就运作方式而言，日本的纸质图书出版，一般都是采用作者→出版社→纸质图书的模式。在这里，图书的版权虽然归作者所有，但原则上是出版社持有对外的交涉权。而在有电子书籍出版计划的时候，就需要由出版社与作者进行个别交涉而取得承诺。因此，与纸质图书的运作不同，电子书的出版就采用了电子营运商→出版社→作者→网络营销这种模式。从这两种运营模式可以看到，在日本，无论是纸质图书还是电子书，出版社都占有相应的地位。正因为此，在电子出版的大潮中，日本的出版社仍然牢牢地把握着版权的利器。

---

① 速水健朗：《ケータイ小説の》，原书房，2010，第 3 页。

　　然而，在中国，纸质图书的出版，也都是采用作者→出版社→纸质图书的模式。而在电子书的出版上，由于盛大文学及其他网络运营商的中途参与，从而出现了两种模式并存的现象。这中间既有与日本相同的电子营运商→出版社→作者→网络营销这种模式，也有作者→电子营运商→网络的盛大网络新模式。毫无疑问，在盛大模式下，出版社被彻底忽视了。

　　在电子书市场销售方面，目前日本的企业一般都是采用"终端＋内容"的收费模式，用户除需要支付2万～4万日元以获得电子阅读终端外，还要以每本书500～1000日元的价格下载图书。与一般纸质图书每本700～1600日元的价格相比，已经便宜很多。即便如此，为了进一步扩大电子书的市场占有率，甚至有电子营运商计划以每本书100日元的成本价销售电子书，这一价格还不到一般纸质图书价格的1/10。① 之所以能够如此便宜地销售，是因为电子书的成本降低。对日本出版社而言，纸质图书的生产成本约有四大块，其中作者稿酬为10%，出版社成本占20%，书店流通成本占30%，印刷装订成本为40%。② 在电子书出版领域，由于不需要印刷装订，首先就减少了40%的印刷装订费；此外，由于不需要流通与陈列，又能降低15%～20%的书店流通费用。二者相加就减少了55%～60%的成本费。因此，在今后日本的图书市场上，以每本书100～300日元的价格销售电子书，是完全能够期待的。

　　与日本企业的打包阅读销售不同，盛大文学及国内其他网络运营商所采取的是按章节字数定价的营销模式，每千字约为3～4起点

---

①　《"自炊"で本を電子化とは?》，「カンブリア宮殿」，2010年12月9日，http：//alwaystaro. seesaa. net/article/172669581. html，最后访问日期：2013年11月19日。

②　《日本人の1人あたり電子書籍購入額はアメリカ人の3.8倍》，Twitter，http：//www. shiratani. net/2011/02/17/％E6％97％A5％E6％9C％AC％E4％BA％BA％E3％81％AE1％E4％BA％BA％E3％81％82％E3％81％9F％E3％82％8A％E9％9B％BB％E5％AD％90％E6％9B％B8％E7％B1％8D％E8％B3％BC％E5％85％A5％E9％A1％8D％E3％81％AF％E3％82％A2％E3％83％A1％E3％83％AA％E3％82％AB％E4％BA％BA％E3％81％AE3／，最后访问日期：2013年11月19日。

币（1 起点币等于 0.01 元人民币）。读者每点击阅读 100 万字花费约为 30 元人民币，而作者的收入则与读者的点击量、月票及打赏直接挂钩，并与盛大五五分成。① 就盛大与作者的关系而言，网络运营商只是向作者提供电子平台及相关维护服务，并不参与作品的编辑及修改。就连文字的上传及编辑，也都需要作者自行解决。因此，在盛大模式下，不仅没有了印刷装订，没有了出版社，同时也不需要流通与陈列，所以其运营成本要远低于日本。

由此而言，在电子书市场营运方式上，在日本，因出版社持有版权这一利器，无论是索尼还是 NTT DoCoMo，在进入电子书市场时都不得不邀请出版社共同参与，所以出版社就成为日本电子书市场的自然参与者。在中国，由于盗版的猖獗，大量的免费图书资源在互联网上传播，因此，国内电子阅读终端生产厂家在进入电子书市场时，大多通过"预装图书"的方式，与出版社擦肩而过。而盛大模式的存在，又使得国内大多数网络运营商对出版社视而不见。可以这么说，如何避免出版社被边缘化，是目前中国电子书市场在营运方式上所面临的最大难题。

四　市场前景展望

毫无疑问，如今我们正在步入电子阅读的时代。

在日本，已经将 2010 年确定为"电子书元年"。② 就在 2010 年，朝日新闻出版、学研社、角川书店、河出书房新社、幻冬社、讲谈社、光文社、集英社、新潮社、日本放送出版协会等 31 家出版社联合成立了"日本电子书出版社协会"（JEPA），主要从事电子出版业的情报收集，电子出版制作、流通、服务体系的研究，电子出版法

---

① 《2011 全新作家福利计划》，起点中文网，http://www.qdmm.com/MMWeb/zhuanti/2011fuli/index.html，最后访问日期：2013 年 11 月 19 日。
② 村濑拓男：《電子書籍の真実》，每日 communications，2010，第 17 页。

律环境的建议与健全以及与相关机构的交流与协作等工作。① 截至
2011 年 3 月，该协会的会员组织已经扩大到 43 家。

也在 2010 年，为了推动日本电子书出版事业的发展，由日本总
务省、文部科学省、经济产业省出面，联合举办电子书普及官民恳
谈会，就电子书的规格、市场图书电子化、电子出版法制健全等问
题广泛征求意见。

也就在 2010 年，日本最大的书商纪伊国屋书店宣布建立"纪伊国
屋书店 BookWebPlus"，并在全店系统开展电子书的销售业务；日本著
名作家村上龙宣布成立电子书公司"G2010"，专门销售自己的作品；
而日本最大的电子阅读终端厂家索尼公司，也在 2007 年 LIBRIE 销售
失败后，再次返回电子书市场，推出了新一代电子阅读终端 Reader。
还有日本著名的移动通信公司 KDDI 也同时推出了新一代电子阅读终
端 biblio Leaf SP02 及新一代电子平台 LISMO Book Store。

面对日渐高涨的电子书热，日本野村综合研究所也于 2010 年 12
月发表前景预测报告，声称 2015 年日本电子书出版的市场规模将高
达 2400 亿日元。② 然而，也有一些有识之士对此市场前景表示出谨
慎的乐观态度，就像索尼高级副总裁野口不二夫在接受记者采访时
所说的那样："相信日本有可能成为世界第二或第三大电子阅读终端
市场。但是，也有一些市场的复杂因素存在。"③

对日本电子书出版市场而言，所谓"市场的复杂因素"之
一，是读者对电子书的接受态度。2010 年 11 月，日本 ASCII 综

① 《「日本電子書籍出版社協会」発足、出版 31 社が参加し規格など検討》，Internet
Watch，http：//internet. watch. impress. co. jp/docs/news/20100324 _356586. html，最
后访问日期：2013 年 11 月 19 日。
② 《国内の電子書籍端末が 2015 年までに累計 1400 万台、野村総研が予測？》，
InterNet Watch，http：//internet. watch. impress. co. jp/docs/news/20101220 _416008.
html，最后访问日期：2013 年 11 月 19 日。
③ 《［Interview］Sony Speaks on E-book Reader Business》，Techon，http：//techon.
nikkeibp. co. jp/english/NEWS_ EN/20100128/179731/，最后访问日期：2013 年
11 月 19 日。

合研究所就日本国民的数字化阅读进行了一项社会调查。结果显示，在 7500 名调查对象中，回答现在正在使用电子书的为 10.2%，今后肯定会使用电子书的为 3.5%，今后或许会使用电子书的为 34.3%；而今后肯定不使用电子书的为 17.9%，今后不打算使用电子书的为 29.5%。① 也就是说，目前日本正在使用或肯定打算使用电子书的读者仅占总数的 13.7%，这不能不说是一个令人沮丧的数字。

"市场的复杂因素"之二，则是电子书籍的版权问题。用庆应大学岸博幸教授的话说就是，"存在着著作权法上的法的不安定性"。② 与美国不同，此前日本出版社与作者签约时基本上没有考虑过电子版权。而且，在 2009 年，美国通过"谷歌和解案"，以每本书向出版社支付 60 美元的代价，解决了悬在电子出版商头上的达摩克利斯剑。这正是美国的 Kindle 能够在短短两年的时间内，将版权书籍从 2007 年的 30 万种迅猛提高到 2010 年的 70 万种的原因所在。令人遗憾的是，"谷歌和解案"中将日语书籍排斥在外③，从而在有意无意间增加了日本版权解决的难度。正因为此，日本的一些出版社对于电子书籍市场的进入就显得很犹豫，由此也限制了日本电子书籍规模品种的扩大。

"市场的复杂因素"之三，应该是电子阅读终端及电子文本的制式问题。就电子产品而言，日本在制式上从来就是自行其是，电子阅读终端也是如此。这就意味着索尼 Reader 制式的电子书基本上没有可能在 Kindle 和 iPad 上使用。正因为此，纪伊国屋书店虽然已有 Book Web Plus 系统负责统筹全日本电子书的销售，但由于制式不同，在 iPhone 及 iPad 进入日本后，书店不得不另外新设一个

---

① 广田稔：《これだけは知っておけ！日本の電子書籍事情》，ASCII. JP，http：//ascii. jp/elem/000/000/581/581805/，最后访问日期：2013 年 11 月 19 日。
② 岸博幸：《電子書籍が日本文化を破壊する日》，PHP Biz，http：//shuchi. php. co. jp/article/829，最后访问日期：2013 年 11 月 19 日。
③ 村瀬拓男：《電子書籍の真実》，每日 communications，2010，第 157 页。

Kinoppy 系统来对应。① 这样做的结果，在客观上造成了书店方面营运成本的增加。

与日本"电子书元年"的提法不同，2010 年在中国被称为电子书出版业的"拐点"。② 作为拐点的标志之一，是新闻出版总署出台了《关于发展电子书产业的意见》、《关于加快我国数字出版产业发展的若干意见》，为电子书市场的发展及规范提供了政策上的支持。

而拐点的标志之二，是除出版社、电子阅读终端厂家、移动通信之外的第四方势力的进入。如上海新华传媒股份有限公司、解放日报报业集团、上海易狄欧电子科技有限公司共同合资成立上海新华解放数字阅读传媒有限公司，推出亦墨电子阅读终端和新华 e 店网上内容平台。③ 还有四川新华书店推出的数字阅读平台九月网，向读者提供搜书、阅读、互动分享、购买等一体化的网络服务平台。

拐点的标志之三，是电子阅读终端领域空前活跃。除津科翰林、汉王、方正、易博士、博朗、易迪欧、onyx 科技等老牌厂家外，还有爱普泰克和中卡世纪等新锐企业的参与。电子阅读终端的市场销量也在 2010 年第四季度突破了 30 万台大关。④

拐点的标志之四，是手机阅读的发力。在 2010 年，手机阅读中的电子书籍销售月均收入已超过 8000 万元。之所以有如此业绩，是因为中国移动手机阅读基地已与近百家内容提供商签约合作，图书入库超过 15 万册，成为目前国内最优的电子书籍销售平台。⑤

虽然自 2010 年以来，中国的在线阅读、手机阅读、电子终端

---

① 《纪伊國屋書店　iPhone・iPad 向け電子書籍サービス開始》，纪伊国屋书店网站，http://www.kinokuniya.co.jp/company/pressrelease/20110520150318.html，最后访问日期：2013 年 11 月 19 日。

② 《2010 年中国数字出版业将迎来拐点》，中国网，http://www.chinaxwcb.com/2010-03/10/content_190499.htm，最后访问日期：2013 年 11 月 19 日。

③ 陈贝贝：《数字时代　渠道商不能被边缘化》，《出版商务周报》2010 年 7 月 26 日。

④ 孙燕飚：《国内电子书：泡沫破了》，《第一财经日报》2011 年 4 月 28 日。

⑤ 《2011 中国电子书产业十大亮点》，新浪读书，http://book.sina.com.cn/news/v/2011-01-12/1133282333_2.shtml，最后访问日期：2013 年 11 月 19 日。

阅读等电子阅读呈现出更为普及的势头，中国电子书的品种也已经超过了日本甚至美国，但中国的电子书籍市场也存有自己的烦恼。

首先，是读者的认同度。根据中国出版科学研究所发布的《第七次全国国民阅读调查》结果，在中国18～70周岁的国民中，接触过数字化阅读方式的占24.6%，其中，16.7%通过网络在线阅读，14.9%接触过手机阅读；另外，有4.2%的人使用PDA/MP4/电子词典等进行数字化阅读。[①] 也就是说，至今为止，接受电子书籍方式的读者甚至不到被调查人数的1/4（参见图6-3）。

其次，是产业链的断裂。在以往的电子书市场上，电子阅读终端、服务平台、出版社三方往往是各自为战。如果说电子阅读终端的"预装图书"的方式，还是与出版社擦肩而过的话，那么，盛大模式就根本忽略出版社的存在。结果，全国有580家出版社，只拥有20%的数字版权。[②] 也就是说，无论是电子阅读终端还是服务平台，都将出版社排斥在外，产业链的联动效应没有得到有效的发挥，也严重影响到了电子书市场的可持续发展。

最后，是造血机能的低下。与日本电子书的100万日元/本产出相比，中国电子书的平均收益只有区区750元/本，甚至不足于版税的支付，这不仅影响到出版社，而且还影响到其他行业对电子书市场的参与。要知道，日本作家村上龙之所以自己组建公司进入电子书籍市场，就是因为村上龙认为其20部作品能够有1亿日元的网络销售业绩。[③]

---

① 李涛、韩妹：《国民阅读调查：9～13周岁未成年人的阅读率最高》，《中国青年报》2010年4月20日。

② 《细看：电子书销量增长迅速，出版业面临巨大挑战》，重庆卫视《财经时间》，http：//v. cqnews. net/first/2010－05/15/content＿1102665. htm，最后访问时间：2013年11月19日。

③ 冈田有花：《「変化を自分で作りたい」村上龍氏が出版社と組まずに電子書籍を出す理由》，ITMedia News，http：//www. itmedia. co. jp/news/articles/1011/04/news100. html，最后访问时间：2013年11月19日。

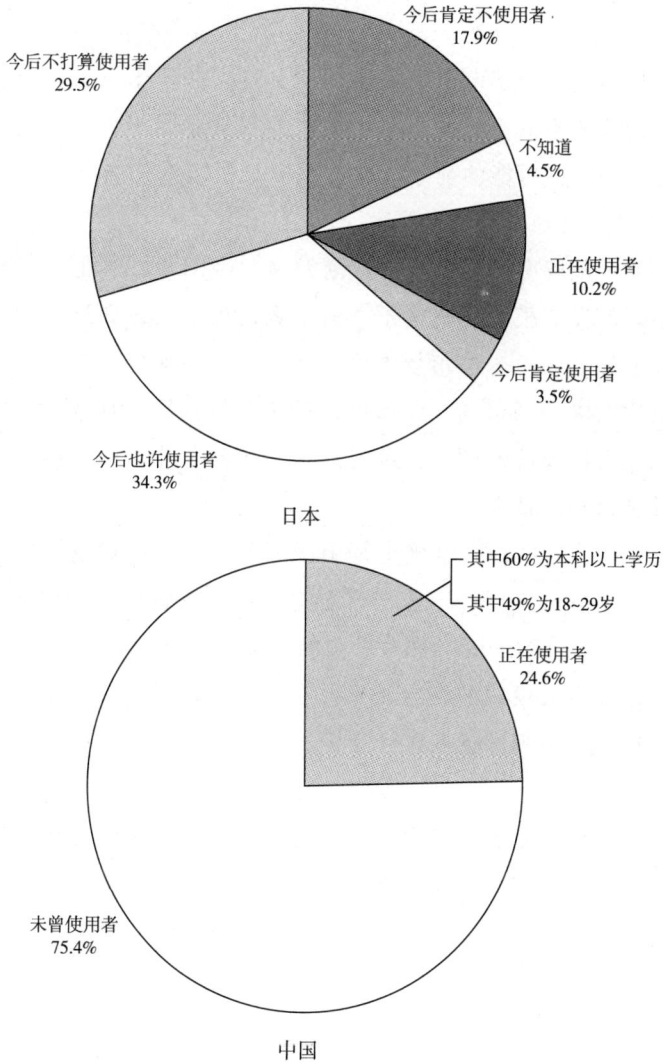

今后肯定不使用者
17.9%

今后不打算使用者
29.5%

不知道
4.5%

正在使用者
10.2%

今后肯定使用者
3.5%

今后也许使用者
34.3%

日本

其中60%为本科以上学历

其中49%为18~29岁

正在使用者
24.6%

未曾使用者
75.4%

中国

图 6 - 3　中日国民数字化阅读调查结果

资料来源：日本根据 ASCII 综合研究所 2010 年 11 月调查结果绘制，中国根据《第七次全国国民阅读调查》结果绘制。

五 结论

综上所述，由于电子书诸多的便利性，如便于携带、能够大量下载、阅读成本低下、有不弱于纸张的视觉感受等，人们根本无法忽视电子书无限可能的前景。这也是中日两国电子书市场能够在 21 世纪前 10 年飞速发展的主要动因。

然而，随着电子书市场的日渐发展，中国与日本也已经形成了各自不同的发展模式。就电子书的市场规模而言，如果说日本是目前世界上最大的电子书市场的话，那么，中国就应该是目前世界上发展最快的电子书市场。如果更进一步分析的话，日本电子书产业的盈利能力以及产业的可持续发展能力要高于中国，而中国的电子书品种则远超过日本。

在现时点，我们很难确定是中国还是日本的市场发展模式更为优越，但是有一点可以确认，日本的出版社在版权的保护下成了电子书市场的自然参与者，而对中国的出版社来说，由于"预装图书"的方式以及盛大模式的存在，想要在电子书市场上存活下来，就需要付出比日本出版社更多的努力。

（本章节略版曾以《中日电子书籍市场的比较》为题发表于《科技与出版》2011 年第 10 期）

第七章
中日图书出版业未来之走向

就在 20 世纪 80 年代，当国人为激光照排技术的横空出世而欢呼告别"铅与火"迎来"光与电"的时候，绝不会料到这其实也是传统图书出版业最后的绝唱。短短 20 年过去了，虽然图书的采编早已经由纸与笔转向了电脑的输入，虽然国内的图书市场也依然显得那么蓬勃向上，然而，随着美日等出版大国图书市场的持续走低，特别是随着亚马逊网站 2009 年发出的电子书销量已经超过纸质书的宣告，人们便不得不深入思考：在数字化时代，传统的图书出版业究竟还能够走多远？

事实上，传统的图书出版业目前正处于一个大变革的时代，在数字化、网络平台化的技术推动下，从图书编排印制的技术，到作者、读者、编辑与出版社之间的关系，已经发生了前所未有的改变，由此也决定了图书出版今后的变革方向。在未来，图书的数字化是一个必然，但这并不表示纸质图书就此消亡。不过，即便是纸质图书与数字图书能够得以共存，纸质图书出版仍需要我们有所创新，尤其是在阅读、保存和传播功能上的创新。

一 不容乐观的前景

如果仅就中国图书出版业的数据而言，这无疑是一个美好的时

代。因为从 20 世纪 70 年代末开始，中国的图书出版业进入了一个
高速增长的时期。从 1978 年到 2010 年，图书产品增加了近 21 倍，
图书的销售金额则增加了 64 倍（参见表 7 - 1）。从数据上看，这 33
年的出版总和超过了过去几千年的总和。

表 7 - 1　1978 ~ 2010 年中国图书出版销售情况

年份	出版品种	总印数（亿册）	总定价（亿元）	销售金额（亿元）
1978	14987	37.74	—	9.30
2000	143376	70.24	430.10	376.86
2001	154526	69.25	466.82	408.49
2002	170962	70.27	535.12	434.93
2003	190391	67.96	561.82	461.64
2004	208294	67.06	592.89	486.02
2005	222473	63.36	632.28	493.22
2006	233971	64.66	649.13	503.33
2007	248283	63.13	676.72	512.62
2008	275668	67.09	802.45	539.65
2009	301719	70.37	848.01	580.99
2010	328387	71.71	936.01	599.88

资料来源：本表根据历年《中国出版年鉴》及新闻出版总署有关资料编制。

正是因为有这样出色的增长前提的存在，国家新闻出版总署非
常乐观地将今后"十二五"时期图书出版的指标，确定为图书品种
由 32.8 万种增加到 41.9 万种（年增长率 5%），总印数由 71.7 亿册
增加到 79.2 亿册（年增长率 2%）。[①] 毫无疑问，目标所描绘的依然
是一幅令人振奋的前景。

然而，当我们走出中国，将目光转向美国与日本的图书市场的
时候，那么，就会发现国际图书出版正面临着一个前所未有的挑战
的时代。在库存图书电子化、电子书以及按需打印三股浪潮的冲击

---

① 国家新闻出版总署：《新闻出版业"十二五"时期发展规划》，新闻出版总署网站，
http://www.gapp.gov.cn/cms/html/21/508/201104/715451.html，最后访问日
期：2013 年 11 月 19 日。

下，美日传统的图书出版业早已是败象丛生，且岌岌不可终日。

以美国为例，作为世界上图书销售额最大的国家，美国拥有 8 万多家出版社，每年有 20 余万种新书推出，2010 年图书的销售量为 7.1 亿册。然而，据美国出版商协会（AAP）的资料统计，自 2001 年美国的图书销售额达到了创纪录的 253.6 亿美元之后，就一直在 230 亿～240 亿美元的水平上下浮动（参见图7－1）。而与新闻出版总署对中国的图书出版业积极乐观的今后预期不同，IHS iSuppli 公司对美国图书出版今后 4 年的预测是，至 2015 年，美国的图书销售金额总数会保持在 250 亿美元左右，不过，电子出版每年会有 40% 的增幅，而纸质出版却会出现每年 4.9% 的降幅。[①] 因为在 2010 年，美国的电子书销售额已占图书市场份额的 8.32%，而在 2009 年仅为 3.2%。如此一幅"电起纸伏"的悲惨前景，难怪著名出版业评论家鲍里斯·卡奇卡（Boris Kachka）会毫无顾忌地点评道：美国的传统图书出版业"已被逼到了日薄西山的尽头"。

同样的还有日本的图书出版市场，自 1997 年之后，日本的图书销售额一直处在下行的通道之中，虽然在 2004 年有过短暂的回复，但在 2006 年之后就是步步惊心了（参见图 2－1）。不仅如此，在 2001～2010 年间，除 2001、2003、2005 年三年外，日本每年破产的出版企业（出版社、书店、印刷厂）都在 1 万家以上，其中，每年平均有 205 家欠债在千万日元以上的大型企业破产。[②] 正是在这样的背景下，日本国内才有了"出版大崩溃"的言论。比美国还要悲惨的是，日本的图书出版业早已经被日本政府指定为"不况指定业种"（产业分类号 4141）。

---

① 斯蒂文·玛仕：《电子书未来四年销售额大增40%　传统出版业下挫》，国际电子商情，2011 年 5 月 6 日，http：//www. esmchina. com/ART＿ 8800115692＿ 1300＿ 2206＿ 0＿ 0＿ b9abe968. HTM？jumpto = view＿ welcomead＿ 1332117410109，最后访问日期：2013 年 11 月 19 日。

② TDB：《2010 年出版·印刷業界倒産動向調査》，TEIKOKU DATABANK，2011 年 1 月 24 日，http：//www. tdb. co. jp/report/watching/press/pdf/p110103. pdf，最后访问日期：2013 年 11 月 19 日。

（亿美元）

260
250
240
230
220
210
200
2000 2001 2002 2003 2004 2005 2006 2007 2008 2009 2010（年份）

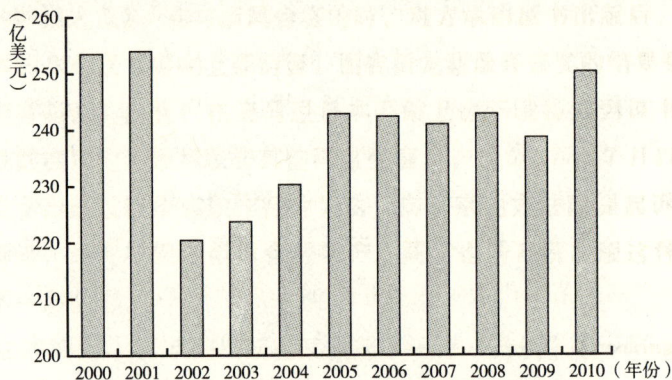

图 7-1　2000~2010 年美国图书销售额

　　资料来源：本图根据美国出版商协会（AAP）有关资料编制。美国出版资料是由美国出版商协会（AAP）、美国书业研究集团（BISG）、出版商周刊图书销售指标（PW/IPR Book Sales Index）及布克（Booker）公司等统计公布的，因此数据各不相同。实际上，美国出版商协会所公布的 2008~2010 年销售额资料也有两个不同版本，这里选用的是美国 IHS iSuppli 公司在对 2011~2015 年图书市场预测时所采纳的数据。

　　由此而言，即便在中国，图书出版业的未来也未必令人乐观。这是因为传统图书出版业的形成与发展得益于工业革命，因此它所体现的也只是工业化的生产方式，即大规模生产、大规模销售及大规模阅读。从载体形式上看，纸质图书出版仍然属于传统的制造产业。但是，它所面临的却是数字化时代的挑战，如储存的数码化、传播的信息化、阅读的电子化。在数字化时代，与电子图书相比，传统图书出版无论是在信息储存的量上，还是在信息传播的速度上，甚至在阅读的多元化选择上，都不具备任何的优势。可以说，目前传统图书出版所面对的正是这种规模与标准化的工业文明与无穷多元化的信息文明之间的转型时的艰难。

二　大变革时代

　　在数字化时代，以互联网为代表的数字化传播方式的兴起，在不断推动传统图书出版向数字化转型的同时，也给整个图书出版领域带来了一场生产关系的大变革。其中，图书出版领域的关联者，无论是作者、读者还是编者，也都被深深地卷入了这场变革之中。

1. 技术的变革

毫无疑问，在这场生产关系的大变革中，数字化与互联网技术的飞速发展是变革的主要推动力。回顾历史不难发现，在中国，自20世纪80年代以来，有关图书出版业的技术发展可以分为三个阶段。第一阶段是20世纪80～90年代，汉字激光照排系统以及平版胶印对铅排和铅印技术的取代，使得图书出版业就此告别铅与火，步入光与电。这项技术发明对图书出版业的重要性不言而喻，至2000年，"汉字激光照排技术占领国内报业99%和书刊（黑白）出版业90%的市场，以及80%的海外华文报业市场"。[①]

第二阶段是1990年代至2000年代，随着互联网技术的迅速扩展，图书的内容编排和生产、经营管理开始全面数字化，出版社的图书编辑、书稿传送、发行管理等都开始在一个数字化平台上完成。如果说，第一阶段还只是照排及印刷业的技术革命的话，那么，第二阶段图书编排及生产、经营的数字化，不仅加速了图书出版生产规模的扩大，也为图书的销售导向提供了技术支持，同时，还构成了图书个性出版以及按需出版的可行性条件。事实上，传统图书出版转型期最初始的阵痛，也就是从第二阶段中的个性出版及按需出版开始的。只不过，当时人们并没有意识到所谓的个性出版或按需出版已经背离了传统工业化那种规模化的生产方式。

第三阶段是2000年代至今，手机阅读以及手持阅读终端得以推出并迅速地市场化。其中，亚马逊Kindle的推出，成了数字化时代的一面旗帜。数字出版彻底地抛弃了传统图书出版的纸的介质，它

[①]　林憬文等：《创新文化之旅：激光照排引发汉字印刷革命》，《新京报》2006年7月27日。

是依靠各种电子平台或移动终端向读者提供信息的。这是完全不同于传统图书出版的新型出版模式，与传统图书出版相比，它的储存量大、传播便捷、制作及销售成本低廉。正因为此，它的面世，最终将传统图书出版逼到了退无可退的绝境。

2. 作者的变身

数字化时代的作者变身主要有两大趋势，一个是作者身份的大众化，另一个是成为作者的途径的变化。所谓的作者身份的大众化，是因为随着网络数字化平台的展开，"出版也不再是出版机构精英垄断的专利，任何人都可以将内容、信息、知识通过网络发布给读者而成为传播者和出版者"。[①] 这意味着只要人们愿意，任何人都可以成为作者。而中国互联网信息中心通过对博客行为动机的分析也发现：博客正被越来越多的作者用来传播个人观点，博客作为自媒体的属性越来越明显。[②]

至于成为作者的途径变化，也是因为随着网络数字化平台的展开，特别是像网络博客以及诸如起点中文网这样的数字出版平台的搭建，到此时，作者并不需要将作品投寄给出版社，只要像起点中文网、豆瓣阅读那样，将自己的作品直接挂贴上网就行。而在此前的传统图书出版时代，或者更为超前的古典版刻出版时代，只有学术的精英才有资格成为作者，而且只有出版商认可的作者才能够发表作品。

由此可知，数字化时代的作者变身，是源于出版技术发展的第二阶段，即随着网络数字化平台的搭建而展开的。然而，这一变身的影响是巨大的，因为它绕过了出版社，将势力的触角伸进了传统图书出版的"后院"——作者，颠覆了传统图书出版时代作者与出版社之间的不平等关系，直接地动摇了传统图书出版的基石。

---

① 刘成勇：《出版业技术革命30年》，《出版商务周报》2009年10月25日。
② 中国互联网信息中心：《2006年中国博客调查报告》，互联网信息中心网站，http://www.cnnic.net.cn/html/Dir/2006/09/25/4176.htm，最后访问日期：2013年11月19日。

3. 读者的变化

随着数字化时代的到来，读者的阅读方式和习惯也正在悄然地发生改变，如今，他们已不再局限于图书或文字的阅读，而是将阅读伸展到了更开阔的空间——电子屏幕的数字阅读。由中国新闻出版研究院主持进行的"全国国民阅读调查"数据显示，国民图书的阅读率趋势从 2005 年起，虽然有所回升，但是仍远低于 1999 年初次调查时的数据。而国民的数字阅读率，除 2008 年有一个意外的跳水之外，其余年份都呈现出一种上升的势态（参见图 1 - 8）。

可以说，数字阅读正在潜移默化地丰富并改变着人们的阅读方式。这是因为数字化时代信息量的急剧增加，读者不得不加快阅读的速度，而数字阅读恰恰具有更快的数据搜寻和更详尽的解答功能。

因此，尽管数字阅读依然存在着种种弊端，如浅阅读缺乏品味、需要外界阅读设备、长时间阅读会令眼睛疲劳等等。但是，读者在数字化"更快"、"更多"的旗帜下，依然乐此不疲地寻找着惊喜，以至于大众阅读越来越呈现出"碎片化"的趋势。可以说，这种趋势的发展对图书出版未来是极为不利的。

4. 编者的变化

在过去一个相当长的年代里，出版社、编辑、作者以及读者之间保持着一种非常纯粹的文化关系。出版社往往会收到很多读者的来信，编辑不仅及时地回复，有时还会直接与读者通过电话交流意见；而作者也常常会在出版社出现，并与编辑保持密切的个人往来。

然而，在出版数字化和产业化转型的时代背景下，在作者的身份渐渐由精英转向大众，读者的阅读开始由纸质转向数字的过程中，图书编辑的角色与作用也已经在悄然变化之中。从"过去主要改改拼写和标点，现在更重要的是必须了解该出版什么，如何才能拉到稿件，如何赢得最多的读者"。而且"以前出版社里各式各样的人碰头，都是在聊出什么书、什么书比较有意思，大家兴味盎然；而现在出版社则被迫召集一帮不相干的市场、财务、银行等等方面的人每天都要讨论所谓的'数据',根本不讨论书的内容、书是否有意思,而是在费尽心机地分析如何投入资本、投入了多少、收回了多少、怎样才可以赚取效益……"①

由此而言,正是在出版数字化和产业化的推动下,编辑、作者以及读者之间的关系渐次发生变化,由过去较为纯粹的文化关系衍变为彻底的市场关系。这虽然让人伤感,但是,必须承认这种由出版技术的进步而带来的编辑、作者、读者间身份及关系的变化,本质上可以说是一种适应新生产力的生产关系的调整。这就需要出版社依据市场的变化去重新塑造与作者、读者甚至是编辑之间的关系。在某种意义上,这种塑造可以说是图书出版业的一场蓄势待发的新生。

三　图书出版的创新

无论如何,随着出版数字化和产业化的推进,以及数字化时代中作者、读者以及编者角色的变化,传统图书出版业的变革已经势在必行。就图书在知识传播过程中的作用而言,它具有阅读、保存和传播三大功能。因而要在数字化时代获得生存,图书出版就必须在这三大功能方面有所创新。

1. 阅读的创新

阅读是图书出版业的核心驱动力,决定着出版业的生死存亡。我们可以说图书的本质在于内容的深刻和文化的积累,而图书阅读更能给读者理性判断和思考的机会,因此,书是需要细细阅读慢慢品味的。但是,必须清楚地意识到,在数字化时代,所谓的阅读已不完全等同于读书,"阅读的对象远比读书的对象来得丰富。阅读针对的是文本,文本并不只表现为书写或印刷的形式,它可以包括文字、图像、口语、图片、印刷、音乐等表现形式,乃至于声像材料、

---

① 舒炜:《图书业的死与生》,《中国经济》2009年第9期。

电影、电视节目，甚至任何一种计算机所储存的信息、碑铭、唱片等各种形式"。① 所以，作为读本之一的纸质图书想要在所有的阅读中保持自己的传统地位，首先必须符合读者的阅读方式。

与传统图书阅读相比，电子阅读通常会采用鲜艳的色彩、突出的插图甚至以音乐搭配来刺激读者的感官，让读者保持阅读的兴趣。不过，电子阅读也存在缺陷，它必须借助外在光源才能阅读，而且长时间凝视会使读者的眼睛感觉疲劳。2009 年的国民阅读调查结果也显示，"很多人都通过电脑手机等进行阅读，但阅读效果和纸质媒介相距甚远，而且长时间阅读容易视觉疲劳"。

由此，作为传统图书在阅读方式上的改变，就是通过对图书内容的重视以及对图书纸张材料的创新，从而创作出能在院子里晒着太阳的自然阅读，或是点着烛光的咖啡馆里的复古阅读，又或是随遇而安的心情阅读的纸质图书，使之符合数字化时代读者的阅读心态、阅读习惯等的变化。

其实，读者阅读心态的变化，在欧美已初见端倪。英国《经济学人》杂志曾在 2011 年 7 月推出封面话题"新闻业的未来——重返咖啡馆"，认为"重返咖啡馆"就是数字化时代新闻阅读的未来。② 无独有偶，远在加拿大的乔安娜，也认为"出版业未来的救世主，它既不是代理商，也不是出版社老总，也不是发行商。它是星巴克"。这是因为，加拿大的"每个书店都有咖啡馆"。③ 而国内，也有南妮的《在咖啡馆阅读》，理由很简单，"那里比家里热，不会有人来打搅"。④ 显然，如何在内容及形式上选择出版适合读者的阅读心态的书，就成为数字化时代纸质图书的最主要选择。

---

① D. F. McKenize, *The Book as an Expressive Form*, Cambridge：Cambridge University Press，2004，p. 29.

② "The future of news：Back to the coffee house", *The Economist*, Jul 7th 2011, http：//www. economist. com/node/18928416，最后访问日期：2013 年 11 月 19 日。

③ 乔安娜：《出版业真正的救世主：星巴克?》，百道网，2010 年 7 月 24 日，http：//www. bookdao. com/article/7332/，最后访问日期：2013 年 11 月 19 日。

④ 南妮：《在咖啡馆阅读》，《新民晚报》2012 年 2 月 24 日。

2. 保存的创新

在数字化时代，图书的保存是传统出版不可触摸的痛。无论是保存的路径还是保存的容量，都远非电子书籍及其他电子出版物的对手。

不过，传统出版也有其他电子出版物所没有的优势，那就是仍有许多读者喜欢用手不停地翻阅纸张的实体感，喜欢发散着油墨香味的书的魅力。美国作家约翰·厄普代克对纸质图书曾经有过这样的评述："它们赋予了文学作品的完整性，数百年来以外在形式表达了印刷文字的永固特点。正是这些优势，让图书不易发生改变，无论岁月流失，无论流行趋势如何改变，它们都能永葆特色。"① 此外，纸质书还有其独特的收藏价值，不仅仅作为阅读的媒介，同时也能够作为艺术品加以收藏及保存。这就需要传统出版对纸质图书在版式、装帧等方面精打细琢，以激发读者们对纸质书的留恋与渴望。

其实，传统图书出版还有一个其他电子出版物所没有的优势，就是传统出版所具有的严格的图书出版审核制度。在数字化时代作者队伍不断扩大，图书种类连年递增，读者因选择太多而无从选择的背景下，可以充分利用这一出版审核机制，严格把持图书出版的标准及要求，以确保图书的知识性与思想性。在这一方面，如《国家社科基金成果文库》，就是以"高质量的成果、高水平的编辑、高标准的印刷"为标志的。首先，文库的入选者，是国家社科基金项目优秀成果；其次，文库的编辑、装帧、用纸等也都是高配备。文库所代表的不仅是这一时期国家社科领域最顶尖的研究成果，同时也代表了这一时期传统图书出版的最高水准。同样的还有《高校社科文库》等。毫无疑问，即便在数字化时代，像这一类图书也是值得保存并且能得以传世的。

---

① 尼古拉斯·卡尔：《电子书将颠覆传统出版业》，新浪科技，2011年12月31日，http://tech.sina.com.cn/i/2011-12-31/16056591468.shtml，最后访问日期：2013年11月19日。

3. 传播途径的创新

除学校教科书外，图书的一般传播途径，主要有图书馆借阅以及书店与网络的购买。然而，在 2011 年，实体书店的倒闭，已经成为蔓延全球的现象。先是美国第二大连锁书店博得思（Borders）的倒闭。最多时曾拥有 1200 家分店，销售额高达 40 亿美元的博得思，在 2010 年出现 3 亿美元的亏损后，瞬即倒下了。紧接着的是占澳大利亚图书市场 20% 份额的 RED 零售集团的破产，随后又是拥有 50 家分店的英国连锁书店——不列颠书店的破产。至于日本，在 2001 年，全国有 18000 余家书店，到了 2010 年，就剩下了 12000 余家。即便如此，在 2011 年，仍有北海道的福村、新潟的光文社、大阪的栗田等老牌书店接连宣告破产。

不过，对国人而言，最具冲击力的无疑是光合作用的破产。这家从厦门起家，在北京有 15 家分店，在全国有 30 余家分店的被誉为中国"民营书业第一品牌"的书店，是在悄无声息间轰然倒塌的。其实，光合作用并不是第一家倒闭的知名民营书店，仅北京一地，此前就有曾经风靡一时的中关村第三极书局的破产歇业，还有北大南门的风入松书店的关门停业。"据北京新华书店首席执行官利建华介绍，从 2007 年到 2009 年，中国民营书店已经锐减了 1 万余家之多。"①

显而易见，在网购和电子出版的双重打击下，传统的书店营销模式已经步入了绝境。然而，没有图书的传播与营销，就没有图书出版的未来。正因为此，无论是国内还是国外，都在努力地尝试着数字化时期的书店营销模式。将来的书店，也许会以一种混合型的营销模式存在，就像乔安娜所说的那样，"坐在星巴克里，喝着咖啡购买图书、杂志或者任何我在实体书店里看到的感兴趣的图书"。也许会像英国的摄影师图库书店那样极度专业，专业到"一些媒体机

---

① 姜樊：《我国民营书店 3 年减万余家　业内称系全球性倒闭》，《北京晨报》2011 年 11 月 14 日。

构来这里寻找他们所需的摄影作品或摄影指导图书"；也许会像英国伦敦的 Foyle's 书店，以其丰富的藏书量，以及为读者找书、代客邮寄图书这样人性化的服务来赢得读者。而在国内，也已经有了像北京库布里克这样的书店＋咖啡馆＋沙龙的营销模式，还有上海 2666 图书馆那样的会员制书店模式的尝试。① 问题在于，上述的这些新的营销模式，都有着各自不同的缺陷。因此，人们就依然很难确定究竟哪一种模式更适合未来的图书传播。

四　纸质书与电子书的共存

毫无疑问，我们现在正处在一个大变革的时代，在数字化、网络平台化的技术推动下，从图书编排印制的技术，到作者、读者、编辑与出版社之间的关系，都已经发生了前所未有的改变，由此也决定了图书出版今后的变革方向。

在未来，图书的数字化是一个必然，但这并不表示纸质图书就此消亡。美国的 Gerard Reid 曾经有过一个非常形象的媒介相对位移理论："每当一个新的媒介出现后，其他媒介就会相互移动各自的位子。没有媒介会彻底消失，而只是改变而已。想想即使在电视和电影双重挤压下，戏剧舞台的改变和演出产业的复兴吧。广播和各种音乐媒介再盛行，但乐谱还是照卖，人们还是要亲自弹奏音乐。"② 这也许是纸质图书与数字图书能够得以共存的最好的理论注解。

对此，香港联合出版集团前董事长赵斌也有过相类似的解读，他在坦陈数字技术给传统的出版产业带来的出版市场供求失衡、出版角色作为分工被取代、免费出版流行、版权保护门槛消失、新媒体抢夺闲暇时间等五个前所未有的挑战后，又就具体情况逐一加以分析，最终认为"情况不是那么简单，因而结局也不那么令人悲观。

---

① 何映宇：《书店的生存之道》，《新民周刊》2011 年第 46 期。
② 于文：《图书出版业，终结还是新生?》，《中国出版》2009 年第 8 期。

电脑与互联网改变了传统出版原有的独生环境，但并不必然夺走出版的未来"。①

　　然而，即便是纸质图书与数字图书能够得以共存，纸质图书出版仍需要我们有所创新，尤其是在阅读、保存和传播功能上的创新。就目前的状况而言，各出版社及实体店的书商们确实是在努力着。无论如何，在蔓延全球的实体书店的倒闭风潮中，传播功能的创新即数字化时代的图书销售路径的开拓是至为关键的，甚至可以说它决定着纸质图书出版的最终走向。

　　（本章节略版曾以《国际视野下图书出版业的变迁与创新》为题发表于《科技与出版》2012 年第 9 期）

---

① 　赵斌:《在共存与竞争中生存——传统出版产业的未来》,《编辑学刊》2011 年第 2 期。

第三篇

交流

第八章
21 世纪中日两国间图书翻译
出版的现状

  中日两国间图书翻译出版的历史变迁，是以 20 世纪为界的。如果说在 20 世纪前的 1000 多年间，两国之间图书翻译出版都是以中国书日本译为主体的话，那么，在整个 20 世纪的 100 年里，两国之间图书翻译出版的主流就变成了日本书中国译。毫无疑问，这一历史的变迁真实地反映了近代以来中国文化的弱势。进入 21 世纪之后，随着两国间经济、科技、文化、教育等领域的交流不断深入，双方图书翻译出版的品种与数量也在与日俱增，但是，日本书中国译的这种整体格局依然没有任何改变。

一　中文图书在日本翻译出版的现状

1. 国会图书馆馆藏中文译书知多少

  1948 年 2 月，日本出台了《国立国会图书馆法》，其第 25 条规定：在一般出版物出版之后，"围绕有助于文化财富的积累和被利用，（出版人要）在从出版发行之日起的 30 天内，必须向国立国会图书馆缴纳一册版本最好、内容最完整的样书"。① 这成为日本图书

---

① 日本国立国会图书馆：《关系法规——国立国会图书馆法》，国立国会图书馆网站，2013 年 8 月 30 日，http://www.ndl.go.jp/jp/aboutus/data/a1102.pdf，最后访问日期：2013 年 11 月 20 日。

"纳本"制度的开端。根据法定的"纳本"制度，日本各家出版社以及个人出品者，都必须向国会图书馆交纳 1~2 本所出版的图书样本。在此基础上，国立国会图书馆就成为日本国内图书样本最全的样品馆。

根据日本国会图书馆馆藏书目统计，在 1949~2012 年间，日本总共出版有 2459 部日译中文图书。① 其中 2000~2012 年间出版了 1477 部，约占总数的 60.1%（参见表 8-1）。也就是说，在 21 世纪的 12 年间，日本图书出版业所翻译出版的中文图书，超过了过去 50 年的总和。

表 8-1　日本国会图书馆馆藏中文译著统计

单位：种

年份	2000	2001	2002	2003	2004	2005	2006	2007	2008	2009	2010	2011	2012
馆藏数	68	98	103	110	147	149	169	116	122	64	91	119	121

资料来源：本表根据日本国会图书馆馆藏书目统计制作。

有意思的是，在 2008 年前，日本国会图书馆馆藏书目中对所出版的中文译著的统计，甚至超出了国家版权局对日版权输出的统计数字（参见表 8-2）。之所以如此，是因为所出版的译著中，有相

---

① 本书中所有有关中文图书在日翻译出版的数据统计，均来自日本国立国会图书馆的 NDL-OPAC 藏书检索申请系统。该系统可以根据读者要求，进行任意检索。国立国会图书馆：https://ndlopac.ndl.go.jp/F/4MCX396M5H5S1CAYK3I7ECVKJT ELEEGLBV9H9KHEDIFUAQ3G2I - 38372？func = find - a&find _ code = WTYP&request = % E5% 9B% B3% E6% 9B% B8&request_ op = AND&find _ code = WLNO&request = chi&request_ op = AND&find _ code = WTI&request = &request_ op = AND&find_ code = WAU&request = &request_ op = AND&find_ code = WPU&request = &request_ op = AND&find_ code = CALL&request = &request_ op = AND&find_ code = &request = &request_ op = AND&find_ code = &request = &request_ op = AND&find_ code = &request = &chk _ bigram = on&adjacent = N&chk _ fmt _ BK = on&filter_ code_ 4 = WSL&filter_ request_ 4 = &filter_ code_ 2 = WYR&filter_ request_ 2 = 1949&filter_ code_ 3 = WYR&filter_ request_ 3 = 2011&filter_ code_ 1 = WLNT&filter_ request_ 1 = &x = 92&y = 27，最后访问日期：2013 年 11 月 20 日。

当一部分是中国古典文学作品，并不存在版权问题。如筑摩书房在2002年出版的7卷本《三国演义》及2005年出版的8卷本《水浒传》，还有岩波书店在2005年出版的10卷本《西游记》等。此外，还有一些是直接翻译在日本留学或工作的中国人的著作，同样也不存在版权问题。如李小牧的《歌舞伎町案内人》、中文导报主编的《东瀛岁月》以及笔者自己于2003～2010年间在日本出版的《蛇头的故乡》、《"全球化中国"的现在》等多部作品，都是直接就中文原稿译成日文的。

表8－2　中国对日图书版权输出统计

单位：种

年份	2002	2003	2004	2005	2006	2007	2008	2009	2010	2011	2012
输出	18	15	22	15	116	73	56	101	214	161	405

资料来源：本表根据新闻出版总署有关资料制作。

如前所述，与20世纪50～90年代相比，21世纪以来，日本出版业在中文图书的翻译引进方面，从数量上看已经有了明显的增长。但是，根据日本国会图书馆馆藏书目统计，与欧美版图书甚至与韩语版图书的引进相比较，中文图书的引进翻译仍处于一个相对弱势的境地（参见表8－3）。

表8－3　2000～2012年间日本翻译图书语种比较

单位：种

英语	法语	德语	韩语	中文	俄语	阿拉伯语
61752	5751	4954	1497	1422	944	119

资料来源：本表根据日本国会图书馆馆藏书目统计制作（数据统计截至2012年8月）。

2. 十大中译日图书出版商

在2000～2011年间，据统计有将近200家的日本出版社参与了中文图书的翻译出版，其中，以德间书店为首的10家出版社，就出

版了 417 种中译日图书，约占总数的 28.2% （参见表 8 - 4）。尤其
是名列前三位的德间书店、岩波书店、日本侨报社，几乎每年都有
中译日图书出版，可以说它们是中译日图书出版的中坚。此外，还
有近 20 家出版社出版了 10 种以上的中译日图书；约有 30% 的出版
社出版了 3 ~ 9 种中译日图书；而更多的日本出版社，在此期间只出
版了 1 ~ 2 种中译日图书，由此而言，它们的翻译出版更多地带有试
水的性质。

表 8 - 4　2000 ~ 2012 年间日本的十大中译日图书出版社

排名	出版社	出版种数	排名	出版社	出版种数
1	德间书店	105	7	五洲传播出版社	23
2	岩波书店	70	8	筑摩书房	22
3	日本侨报社	40	9	讲谈社	21
4	平凡社	34	9	东洋学术出版社	21
5	中央公论新社	33	9	国书刊行会	21
6	勉诚出版	26			

资料来源：本表根据日本国会图书馆馆藏书目统计制作。

必须指出的是，在这十大中译日图书出版社中，排名第三及排
名第七的两家出版社都带有中国血统。其中，排名第三的日本侨报
社是由在日中国人段跃中创办，主要翻译出版在日中国人的学术作
品。而排名第七的五洲传播出版社，隶属国务院新闻办公室，主要
在日翻译出版名为《中国基本情况》的系列图书，以向日本读者正
面介绍中国在改革开放以来的政治、经济、科技、教育、文化等方
面的基本情况。

而其余 8 家日本出版社也各具特色，其中，德间书店是金庸先
生作品的集散地，出版有 8 卷本的《鹿鼎记》、8 卷本的《天龙八
部》、7 卷本的《笑傲江湖》、5 卷本的《倚天屠龙记》、5 卷本的
《神雕侠侣》、5 卷本的《射雕英雄传》和 3 卷本的《飞狐外传》等。
平凡社则以中国古代作家的作品为主体，出版有刘向、范成大、蒲

松龄、纪昀、袁枚等人的作品。岩波书店在忙于出版莫言、唐家璇、李锐、汪晖、刘晓波等中国名人的作品的同时，也没有忘记对《三国演义》、《西游记》、《水浒传》等古典文学的关心。而讲谈社则以中国现代文学为主题，出版有姜戎、海岩、于丹、卫慧、陈丹燕等作家的作品。中央公论新社一方面出版莫言、铁凝等作家的小说，另一方面也不忘出版《荀子》、《庄子》、《史记》等古典作品，不过，在2001年出版的毛泽东的《游击战论》却是其难得的亮点。至于国书刊行会，主要翻译出版来自台湾地区的著作。令人吃惊的是筑摩书房，这家本以学术出版而著称的出版社，在中译日方面，出版的竟然全是中国古典文学作品，如7卷本的《三国演义》、8卷本《水浒传》以及4卷本的《金瓶梅》，甚至没有任何一种现当代中国作家的作品。有意思的是勉诚出版，这家名不见经传的出版社因为在2012年一年间推出了10卷本的《中国当代小说集》而跻身十大中译日图书出版社。

3. 十大中译日图书的作者排名

在日本国会图书馆馆藏书目检索中，也设有对作者的检索。其中，按翻译出版的图书品种数统计，2000～2012年间的十大中译日图书作者的排名依次为：金庸、罗贯中、施耐庵、吴承恩、司马迁、莫言、古龙、鲁迅、周而复、朱大可（参见表8-5）。如果按入选者的作品类型来划分的话，那么除朱大可之外，其余9人均属小说系列。唯一例外的朱大可，是在2005～2010年间，由日本好文出版社推出7卷本的《中国文化总揽》而得以入选的。而其中，毫无疑问，金庸先生最为亮眼，他是唯一一个所有小说都被翻译成日文出版的中国作家。

显然，由金庸、古龙入选十大中译日图书作者，不难看出日本读者对中国传统武侠作品的喜爱；而罗贯中、施耐庵、吴承恩、司马迁在排名中名列第2～4位，更表现出日本读者对中国古代经典作品的偏好；如果说鲁迅、周而复是中国近代作家代表的话，那么，莫言、朱大可就成了当代中国作家的代表。尤其是莫言，一个不争

表 8 – 5　2000～2012 年间十大中译日图书作者

排名	作者名	出版品种数	排名	作者名	出版品种数
1	金　庸	69	5	莫　言	13
2	罗贯中	41	7	古　龙	10
3	施耐庵	21	8	鲁　迅	7
4	吴承恩	20	9	周而复	7
5	司马迁	13	9	朱大可	7

资料来源：本表根据日本国会图书馆馆藏书目统计制作。

的事实是，包括《檀香刑》、《红高粱》、《四十一炮》、《牛》、《蛙鸣》等作品在日本的翻译出版，全都是在其获得诺贝尔文学奖之前，由此可见日本出版业以及读者对其作品内涵的认可度。

4. 存在的问题

在此，我们就 2000 年及 2011 年出版的中译日图书类型做一比较（参见表 8 – 6）。可以发现，在 2000 年，文学类图书约占中译日图书出版比例的 30.9%。其中，古典文学有筑摩书房出版的 3 卷本《金瓶梅》、岩波书店的 3 卷本《三国志》等，而现当代文学有德间书店的 5 卷本《神雕侠侣》、杉并出版的《活着》和白帝社的《三岸两地》等。而在 2011 年，这一比例上升到了 64.3%。其中，古典文学有岩波书店出版的 8 卷本《三国志》、秋田魁新报社等出版的 5 种《论语绘本》及平凡社出版的多卷本《史记列传》等；而现当代文学有岩波书店、中央公论新社出版的莫言的《娃鸣》、《生》，此外，还有讲谈社出版的郭敬明的《悲伤逆流成河》和实业日本社出版的海岩的《玉观音》等。

表 8 – 6　2000 年与 2011 年中译日图书类型的比较

年份	总数	古典文学	现当代文学	自然科学	社会科学	医药卫生	其他
2000	68	11	10	0	14	7	26
2011	115	43	31	0	17	4	20

资料来源：本表根据日本国会图书馆馆藏书目统计制作。

与此相对应，2000年，社会科学类图书约占中译日图书出版比例的20.6%。这中间，创流社出版的钱宁的2卷本《现代中国青年的梦与现实》及日本贸易振兴会出版的清华大学3E研究院主编的《中国企业管理研究》5卷本报告就占了半数。而在2011年，这一比例下降到了14.8%。其中，比较有影响的作品有岩波书店出版的汪晖的《近代中国思想的形成》、三和书店出版的赵启正的《中国的公共外交》，此外，还有农业渔村文化协会出版的杜润生的《中国农村体制改革重大决策纪实》等。

仔细分析的话可以发现，翻译出版中文社会科学类图书基本上都是日本的一些协会及小的出版社。必须指出，虽然岩波书店出版了汪晖的《近代中国思想的形成》，但那也是东亚出版人会议所推荐的项目。由此而言，中国的社会科学类图书进入日本图书市场还存在较大的障碍。另一个令人瞩目的问题是，无论是在2000年还是在2011年，自然科学类图书的出版数都为零。

之所以如此，一方面可以说是出于意识形态方面的偏见，因为综观2000年以来在日本翻译出版的1477部作品以及将近千人的作者名单，不难发现，在这庞大的作者与作品队伍中，真正有影响的作者与作品并不多见。特别是被国内认为的一些名流作家及主流作品，包括王蒙、铁凝、张贤亮、贾平凹等一流作家，也包括于丹、汪晖、王铭铭、李学勤等一流文化人，通常也只有1~2部作品得到翻译出版。至于国内的政治家们，无论是邓小平、陈云、叶剑英，还是江泽民、朱镕基、胡锦涛、温家宝等，甚至都没有著作得到翻译出版。毫无疑问，这源自意识形态方面的偏见，即在资本主义的视角下对于社会主义体系的文化及观念的疏离。正是这种观念的疏离，妨碍了日本出版界对中国出版的主流图书的引进。

另一方面则是除了金庸、罗贯中、施耐庵、吴承恩、司马迁、莫言、古龙等人的作品外，在一些曾经被翻译引进的中国现当代的作家或文化人的作品中，的确缺少那些引人注目的现实的以及流行的元素。其中，一个重要的事实是，这许多年以来，没有一本中文版翻译图书能够进入日本图书的年度排行榜。久而久之，诚如中文版图书在韩国图书市场曾经遭遇过的那样，因为缺少现实的以及流行的元素，"神秘中国的新鲜感逐渐演变成'离自己很远，没有同感，是其他国家的故事'"，① 日本的读者也就渐次疏远了中文图书。

5. 前景展望

尽管如此，中文图书在日本图书市场依然大有可为。这首先是因为随着亚洲经济的崛起，目前，包括日本在内的亚洲各国都开始着眼调整此前的"欧美中心观"，甚至讨论起"脱欧入亚"来。在这过程中，中国不仅是亚洲经济动力的重要引擎，与此同时，中国的文化也作为亚洲传统思想的供给源，填补着由"脱亚入欧"向"脱欧入亚"观念转换过程中在文化传承方面的空白。正是出于这样的认识，中文图书在日翻译出版的前景，虽然还可能需要有一个渐进的过程，但依然可以让人期待。

其次，必须转变我们传统图书版权输出的思维方式。在此之前，是日本出版社根据我们提供的书目来选择图书，今后应转变成我们如何根据日本读者的需求，提供日本出版社所需要的图书。这就需要我们去了解日本的图书市场，并且了解日本的读者需求。事实上，这种转变的趋势也是图书版权输出过程中的一种世界性现象。

最后，应该充分利用政府对图书版权输出的项目资助，将一些对理解当代中国具有决定性意义的作品，由政府主导进行版权输出。即如五洲传播出版社曾经所做的那样。目前，日本的图书市场充斥着介绍中国的各种书籍，以"中国"为主题的书目检索结果显示，2000～2012年间，这类图书多达24206部，其绝大部分是由日本作家或所谓的日本中国问题研究者所撰写。可以说这些作品中有太多的鱼目混珠，甚至也充斥着太多的在意识形态方面的偏见。坦率而

---

① 孙扬等：《从2012BIBF看中国图书海外现状》，《出版商务周报》2012年9月13日。

言，真正要想让日本的读者理解当代的中国，最准确简捷的方法就是将那些描写并能够代表当代中国的作品加以翻译出版，以收到正本清源的效果。

二 日文图书在中国翻译出版的现状

1. 日文图书翻译出版知多少

有关日文版图书在中国翻译出版的整体情况，香港中文大学的谭汝谦先生曾在其主编的《中国译日本书综合目录》一书中有过介绍："第二次大战后至 1978 年 32 年间，中译日书多达 2896 种，每年平均 90.5 种，为任何时期所不及。"① 不过，在谭汝谦先生的 2896 种的统计数据中，还包括中国香港、台湾及海外出版的图书，如果仅就中国大陆出版的日文版中译图书而言，那么，在 1946 ~ 1978 年间，总共只出版 1090 种。

至于中国大陆在改革开放后的图书翻译出版的整体情况，李景端在其《翻译出版事业风雨三十年》一文中也曾有所介绍："1978 ~ 1990 年我国出版翻译书 2.85 万种，年均 2192 种；1995 ~ 2003 年增为 9.44 万种，年均 1.05 万种，年均增幅大约 4 倍。这期间不仅翻译总量大增，翻译出版的门类、体裁、题材、出版形式等等，更是琳琅满目，空前繁荣。"② 然而，令人遗憾的是，国内至今都缺乏对不同语种的图书翻译出版的分类统计。唯有在马祖毅主编的《中国翻译通史》中，曾对在 1977 ~ 1987 年间出版的自然科学技术工程类的 10668 种译著，进行过一个国别语种的分类统计（参见表 8 - 7）。从表中可以看出，在当时，日文版中译图书种数排在美、俄之后的第 3 位，比例也占此类图书的 17.5% 。也就是说，在 1977 ~ 1987 年的 11 年间，仅自然科学技术工程类的日文中译图书就达到了 1865 种，是

---

① 谭汝谦：《中国译日本书综合目录》，香港中文大学出版社，1980，第 104 页。
② 李景端：《翻译出版事业风雨三十年》，《中华读书报》2008 年 6 月 2 日。

1946～1978 年间出版的日文中译图书总数的 1.7 倍。应该说这是一个非常亮眼的数据。

表 8-7　1977～1987 年间中国自然科技工程类译著的国别语种比较

国别	俄	美	英	日	德	法	其他	总计
种数	1944	3308	1094	1865	459	168	1830	10668

资料来源：本表根据马祖毅主编《中国翻译通史》现当代第三卷有关数据制作。

　　进入 21 世纪之后，日文中译版图书的出版也进入了一个高速增长期。根据《全国总书目》有关资料统计，在 2000 年，国内实际出版日文版中译图书 541 种，而到了 2011 年，出版的日文版中译图书达 1176 种（参见表 8-8）。如果将 2000～2011 年间所翻译出版日文版图书的数字进行统计的话，高达 9959 种，这个数字比此前历年所翻译日文版图书的总和还多。

表 8-8　2000～2011 年间日译中图书出版统计

年份	2000	2001	2002	2003	2004	2005	2006	2007	2008	2009	2010	2011
种数	541	714	731	784	478	855	841	990	838	861	1150	1176

资料来源：本表根据《全国总书目》（2000～2011 年）有关资料统计制作。

　　事实上，在这种图书出版增长的身后，是不断增长着的日文版图书版权的引进。根据国家新闻出版总署有关资料，在 2002～2011 年间，中国一共引进日文版图书版权 12600 项，平均每年达 1000 余项（参见表 8-9）。

表 8-9　2002～2012 年间中国对日图书版权引进统计

单位：种

年份	2002	2003	2004	2005	2006	2007	2008	2009	2010	2011	2012
引进	908	838	694	705	484	822	1134	1261	1766	1982	2006

资料来源：本表根据国家新闻出版总署有关资料整理制作。

　　然而，如果比较这一时期的图书版权引进的国别分布统计的话，可以发现，在这期间，日文版图书的版权引进依然保持第 3 位的排名（居美、英之后），但 2012 年的版权引进比例约占总数的 11.7%，与 1977~1987 年的数据相比下降了 4 个百分点（参见表 8-10）。由此而言，日文版中译图书并不占据引进的优势。

表 8-10　2002~2012 年间中国图书版权主要引进地区分布统计

单位：种

年　份	2002	2003	2004	2005	2006	2007	2008	2009	2010	2011	2012
美　　国	4544	5506	4068	3932	3957	3878	4011	4533	5284	4553	4944
英　　国	1821	2505	2030	1647	1296	1635	1754	1847	2429	2256	2581
德　　国	404	653	504	366	303	585	600	693	739	881	874
法　　国	194	342	313	320	253	393	433	414	414	706	835
俄罗斯	10	56	20	49	38	92	49	58	58	55	48
日　　本	908	838	694	705	484	822	1134	1261	1766	1982	2006
韩　　国	275	269	250	554	315	416	755	799	1027	1047	1209
中国台湾	1275	1319	1173	1038	749	892	6040	1444	1747	1295	1424
其　　他	804	1028	988	771	3555	1542	1000	1865	260	1933	3272
合　　计	10235	12516	10040	9382	10950	10255	15776	12914	13724	14708	17193

资料来源：本表根据国家新闻出版总署有关资料整理制作。

2. 日译中图书类型的比较

　　在此，我们同样就 2000 年及 2011 年出版的日译中图书类型做一比较（参见表 8-11）。可以发现，与 2000 年相比，在全部的 22 个子项中，有 14 个子项的图书出版种数出现了上升，其中，有马克思主义等、军事、数理化等、综合 4 个子项填补了此前的空白，而上升幅度领先的有文教体育（6.14 倍）、社科总论（4.58 倍）、文学（3.56 倍）等；此外，工业技术、农业科学等 5 个子项的图书出版数出现了下降；另有自然科学这一子项保持不变；而在天文地球及航天航空这 2 个子项依然都是空白。

表 8-11　2000 年和 2011 年日译中图书出版类型统计

2000 年	出版种数	2011 年	出版种数
马克思主义等　A	0	马克思主义等　A	3
哲学　B	18	哲学　B	17
社科总论　C	12	社科总论　C	55
政治法律　D	23	政治法律　D	21
军事　E	0	军事　E	3
经济　F	37	经济　F	80
文教体育　G	57	文教体育　G	350
语言文字　H	35	语言文字　H	60
文学　I	82	文学　I	292
艺术　J	44	艺术　J	59
历史地理　K	16	历史地理　K	36
自然科学　N	8	自然科学　N	8
数理化等　O	0	数理化等　O	22
天文地球　P	0	天文地球　P	0
生物科学　Q	2	生物科学　Q	5
医药卫生　R	80	医药卫生　R	68
农业科学　S	18	农业科学　S	7
工业技术　T	98	工业技术　T	72
交通运输　U	2	交通运输　U	4
航空航天　V	0	航空航天　V	0
环境安全　X	9	环境安全　X	8
综合　Z	0	综合　Z	6
总　计	541	总　计	1176

资料来源：本表按中图法分类，根据 2000 年和 2011 年《全国总书目》有关数据统计制作。

如果进一步仔细分析这些变化了的子项的内容，可以发现，这种变化其实也是与我国目前社会经济的发展密切相关的。以上升幅度最大的文教体育为例，事实上，这种增长主要体现在图画及漫画类图书的增长方面。在 2000 年，国内所出版的日译中图画及漫画类图书仅为 16 部，约占该项总数的 28.1%；而到了 2011 年，出版的日译中图画及漫画类图书达到214部，约占该项总数的61.1%。这种对日式漫画的追捧，可以说是目前国内出版市场"动漫热"的最真实的写照。此外，对马克思主义等、军事、数理化等、综合4个子项的空白填补，也表明了所引进的日文版图书在专业方向上的扩展。

同样，以下降数量最多的工业技术为例，在2000年，其全部的98种图书中，有设计类图书28种，食谱类图书23种，机电一体化类图书23种，其他图书24种；而在2011年，除设计类图书保持在28种之外，食谱类图书降至19种，其他图书上升为25种，然而机电一体化类图书为零。由此也反映出了在这十来年间，国内机电类专业方向出版渐次被电子类专业方向出版取代的这一趋势。

3. 十大中译日图书出版商

在2000年，国内总共有137家出版社参与翻译并出版了541部作品。其中排名前10位的出版社为轻工业、科学、21世纪、西南财经大学、广东科技、河南科技、建筑工业、上海远东、陕西人民、天津科技翻译和河北教育（参见表8-12）。其中，排名前三的轻工业、科学均以科技类书籍的翻译出版而著称，唯有21世纪是以推理小说等文学类作品为主体。在这十大中译日图书出版商中，科技类与人文类出版社之比为6∶5。

而在2011年，国内总共有181家出版社参与翻译并出版了1176部作品。其中排名前10位的出版社为湖南美术、南海、上海译文、中信、辽宁科技、21世纪、河南科技、化学工业、金城和科学（参见表8-12）。其中，排名前三的湖南美术、南海和上海译文全都是人文类出版社，而且科技类与人文类出版社之比也由2000年的6∶5，变为2011年的4∶6。

在这榜单的变动中，两次均上榜的出版社仅有河南科技、21世纪和科学三家，有意思的是这三家出版社在2011年的排名都不靠前。最为遗憾的是轻工业出版社，这家曾在2000年独领风骚的出版社，因在2011年仅翻译出版了4种日文图书而未能入选。

表 8 – 12　2000 年和 2011 年十大日译中图书出版社

2000 年			2011 年		
排名	出版社	出版品种数	排名	出版社	出版品种数
1	轻工业	63	1	湖南美术	74
2	科学	45	2	南海	63
3	21 世纪	28	3	上海译文	47
4	西南财经大学	23	4	中信	38
5	广东科技	17	4	辽宁科技	38
6	河南科技	16	6	21 世纪	37
6	建筑工业	16	7	河南科技	29
8	上海远东	11	8	化学工业	29
8	陕西人民	11	9	金城	24
10	天津科技翻译	10	10	科学	23
10	河北教育	10			

资料来源：本表根据 2000 年和 2011 年《全国总书目》有关数据统计制作。

4. 十大中译日图书的作者排名

在 2000 年，有 336 名日本作者的 541 部作品被翻译成中文出版。其中，排名前 10 位的作者为椋鸠十、渡边纯子、川端康成、角野草子、藤泽秀行、江户川乱步、日下秀宪、夏树静子、立原绘里香、山村美纱、朝仓直已、森山和彦、铃木佳世子和谷崎润一郎（参见表 8 – 13）。就作者的作品分类来看，椋鸠十、角野草子、日下秀宪与立原绘里香均属儿童绘画或漫画作家，江户川乱步、夏树静子、山村美纱是推理小说作家，川端康成与谷崎润一郎系纯文学作家，朝仓直已、森山和彦为建筑设计方向，此外还有渡边纯子的食谱类著作、藤泽秀行棋谱类著作以及铃川佳世子的日语考试类著作，可以说这些上榜作家的作品所涵盖的面相当广泛。

在 2011 年，则有 700 余名日本作者的 1176 部作品被翻译成中文出版。其中，排名前 10 位的作者为山冈庄八、东田正美、东野圭吾、尾田荣一郎、樱桃子、西方裕、大场鸫、枢梁、三岛由纪夫、杉井光和神谷正德（参见表 8 – 13）。就作者的作品分类来看，东田正美、

表 8-13   2000 年和 2011 年十大日译中图书作者

2010 年			2011 年		
排名	作者名	出版品种数	排名	作者名	出版品种数
1	椋鸠十	15	1	山冈庄八	17
2	渡边纯子	14	2	东田正美	13
3	川端康成	12	3	东野圭吾	10
4	角野草子	11	4	尾田荣一郎	8
5	藤泽秀行	8	4	樱桃子	8
5	江户川乱步	8	4	西方裕	8
7	日下秀宪	7	4	大场鸫	8
8	夏树静子	5	4	枢梁	8
8	立原绘里香	5	9	三岛由纪夫	7
10	山村美纱	4	9	杉井光	7
10	朝仓直已	4	9	神谷正德	7
10	森山和彦	4			
10	铃川佳世子	4			
10	谷崎润一郎	4			

资料来源：本表根据 2000 年和 2011 年《全国总书目》有关数据统计制作。

尾田荣一郎、樱桃子、大场鸫、枢梁、杉井光都是儿童绘画或漫画作家，山冈庄八、三岛由纪夫系纯文学作家，东野圭吾为推理小说作家，此外则有西方裕的建筑设计类著作和神谷正德的立体纸工类著作。与 2000 年上榜作家的作品所涵盖的面相比，2011 年明显缺少了食谱类、棋谱类和日语考试类的内容。与此同时，儿童绘画或漫画作家的上榜人数明显增加，而推理小说作家的上榜人数则在减少。

5. 时代特色

21 世纪以来，就总体而言，中国的日文图书翻译出版正处在一个前所未有的蓬勃发展的历史时期。对此，曾经翻译过渡边淳一、三岛由纪夫、谷崎润一郎以及青山七惠等日本作家作品的著名日本文学翻译家竺家荣就认为："20 世纪初至今，中国在译介日本文学上经历了三次高潮，分别是五四新文化运动时期、80 年代至 90 年代的 20 年以及进入 21 世纪以来时期。……目前中国国内图书市场活跃，读者的需求的旺盛等原因推动了对外国文学作品的翻译出版，尤其是日本当代文学，在中国拥有了广阔的读者市场，渡边淳一、村上春树、青山七惠、东野圭吾等日本文学在中国畅销，使日本文学热达到了空前的程度。"① 无独有偶，日本文化学者林缘也有着几近相同的观点："进入新世纪，日本文学的翻译对题材的选择进入了多元化时代，在翻译史上被认为是中国的第四个翻译高潮期。"②

在这一阶段，日文图书翻译出版的繁荣，首先表现为各家出版社对日本作家与作品的选择范围更为广泛。这不仅表现在出版的数字上，即在 2000 年是 336 名日本作者的 541 部作品被翻译出版，而在 2011 年则是 700 余名日本作者的 1176 部作品被翻译出版，同时也体现在年度十大日译中图书作者上榜名单中，即没有相同的作者名出现。

其次，表现在各家出版社对作品的翻译出版更具有系统性。这具体表现在新星出版社从 2005 年起开始推出名为"午夜文库"的推理小说系列。截至 2013 年 7 月，该系列总共出版 370 部作品，其中，有日本作家的作品 140 余部，所涉及的日本作家也多达 40 余位，仅岛田庄司的推理小说就多达 50 余部。此外，还有吉林出版集团有限公司近年推出的《日本推理名作选》和"七曜文库"。特别值得一提的是"七曜文库"，这是一套日本通俗作品的系列丛书，不但收入横山秀夫、太朗想史郎等人的推理小说，而且也收入了池波正太郎的历史小说《真田太平记》（全 12 卷）。与此同时，文汇出版社也从 2011 年起推出了"樱花译丛"，其中包括国木田独步的《武藏野》、坂口安吾的《魔鬼的无聊》、德富芦花的《自然与人生》以及夏目漱石的《梦十夜》等。

再次，也表现在日本动漫作品及绘本的活跃上。日本的动漫作

① 刘梦琦：《走近"跨文化中介人"——日本文学翻译家竺家荣》，国际在线，2012 年 8 月 31 日，http：//gb.cri.cn/27824/2012/08/31/2225s3833273.htm，最后访问日期：2013 年 11 月 20 日。
② 林缘：《日本文学在新中国的翻译与传播》，《长城》2010 年第 2 期。

品及绘本，因其包括历史、科幻、推理、战争等广阔的素材内容，以及其独特的艺术风格和表现技法，早已突破了少儿读物的观念局限，成为全民共欣赏的读物。而在2011年十大日译中图书作者的榜单中，如东田正美（《圣斗士星矢》）、尾田荣一郎（《海贼王》）、樱桃子（《樱桃小丸子》）、大场鸫（《爆漫王》）、枢梁（《黑执事》）、杉井光（《神的记事本》）等，都是以其动漫作品的漫画版而得到国内读者的认可的。

最后，日本的经典文学作品依然占有相当的国内市场。无论是2000年的川端康成、谷崎润一郎，还是2011年的三岛由纪夫，在十大日译中图书作者榜单上，日本的经典文学均占据了一席之地。上海译文出版社从2009年开始推出三岛由纪夫作品，至今为止已经出版《虚假的告白》、《潮骚》、《春雪》等15部作品。与此同时，从2010年起，浙江文艺出版社在其外国文学"经典印象"系列中，也开始收录三岛由纪夫等日本经典作家的作品。

6. 问题与展望

毫无疑问，进入21世纪以来，中国图书业在日文图书的翻译出版方面出现了空前的繁荣。然而，在这繁荣的背后，是否还存在哪些问题呢？诚如日本文学研究者泠辰所说："在过去的一年里，日本文学相关书籍的出版达到了近十几年来从未有过的高峰期（拉美文学也是如此）。对这种出版热潮感到欣喜的同时，却也带了怀疑。我总觉得这种'大好形势'的后面藏着些什么，或者说少了些什么。可是究竟是哪里有问题呢？"[①]

泠辰的担心并非多余。就目前国内日文图书的翻译出版而言，存在问题之一，就是竞争的不规范。这主要表现在对名家作品的出版上，即一旦某作家在国内的图书市场有了一定的知名度，那么，

---

① 泠辰：《2011年度中国大陆日本文学相关书籍出版情况杂谈》，豆瓣网，2012年1月17日，http://www.douban.com/note/196295938/，最后访问日期：2013年11月20日。

就立即会有其他出版社插手该作家作品的出版。如村上春树，最初是上海译文出版社主推的，随后，又有了南海、漓江、东方出版中心等多家出版社的参与；又如山冈庄八，先后就有金城、南海、新世界、重庆、安徽人民等多家出版社的参与；还有东野圭吾，更是出现了包括南海、新星、上海译文、人民文学、凤凰、译林、现代、化学工业、天津人民、中国书籍、华文、当代世界在内的 10 多家出版社同时推出作品的惊人一幕。

而存在问题之二，是版权费用的不断高涨。正是在竞争不规范的背景下，对日本名家作品恶性的版权竞争，使得作品的版权费用急剧上升。以东野圭吾为例，据新星出版社"午夜文库"副主编褚盟介绍，在 2006 年，东野圭吾的作品版权费仅为 30 万日元，然而，在 2013 年，其最新售出的作品版权费已经超过了 300 万日元。同样的还有岛田庄司，在 2008 年，其作品的版权费仅为 10 万日元，如今则已经超过了 50 万日元。

存在问题之三，是对作者及作品的过度包装。2011 年，国内图书出版业全年的新书出版种数已经超过了 20 万种，而日文图书的翻译出版种数也已经超过了 1000 种，在此背景下，为使得所翻译出版的作品被广大读者接受，各家出版社不得不使出包括新书发布会、作者签售会以及特色封面设计、特殊工艺印制等招数，来对作者及作品进行包装。而这种过度包装的后果就是图书定价的提高。

存在问题之四，则是目前不断增加的文学、漫画等领域图书的翻译出版数，与日益减少的社会科学以及自然科学领域图书的翻译出版数间的不相适应。翻译图书一方面确实具有阅读娱乐的功能，但在另一方面也有介绍作品所在国的文化传递的功能。可以说，在社会科学以及自然科学领域图书翻译出版的这种缺失，正是文化传递功能弱化的表现。

毫无疑问，从文化的社会意义上来说，日文图书的翻译出版给我们开启了一个全方位了解日本的窗口。在过去很长的一段时期常常有人说，中国不了解日本，或者说中国对日本的了解并不如日本

对中国的了解深。如果我们说仅在 2000～2011 年间，中国翻译出版
了 9959 种日文图书，而日本在此期间仅翻译出版了 1477 种中文图
书，那么就可以知道，至少在图书翻译出版领域，中国对日本的了
解远超过日本对中国的了解。

　　进入 21 世纪以来，中日关系可以说是几经周折。从 20 世纪 90
年代以来就已经延续多年的"政冷经热"格局，在安倍第二次上任
后，不仅没有得到任何改观，相反越发严峻起来。在此背景下，要
全面、客观、辩证地认知当代的日本社会，文化的相互介绍与传递
就变得格外重要，在将更多的日文图书介绍给国内读者的同时，将
更多的中文图书介绍给日本的读者，正是我们这一代出版人义不容
辞的历史责任。

第九章
东亚出版人会议的意义解读

在东亚，各国政府受政治左右，各自表述，达不成共识；民间受历史记忆的影响，充满着怨怼与仇恨，以至于相互猜疑。在此背景下，面对"隔阂的东亚"，一些睿智的东亚出版人推出了东亚出版人会议。会议在回首东亚各国及地区人文书籍出版的历史与现状等的同时，试图通过出版人的人文书籍交流的方式，超越过度竞争背景下的东亚出版危机，并且提出了创造跨越国界的东亚共同文化事业的交流蓝图。毫无疑问，这应该是东亚出版史上也是东亚文化史上的一次重要实践。

一 跨越边界的文化交流

就文化的同源性而言，可以说同处东亚的中、日、韩三国在历史上曾经有着非常深的渊源。首先是文字的同源，都曾属于汉字文化圈。在韩国，自公元 3 世纪左右汉字传入朝鲜半岛后的 1000 多年间，汉字一直是朝鲜半岛唯一的书写文字。而在日本，汉字是经由朝鲜半岛传入的，在片假名出现之前，汉字同样也是日本唯一的文字。其次是儒教文化的同源。在韩国，从高句丽小兽林王二年（公元 372 年）设立太学，以儒学教授子弟培养人才开始，儒教就经由教育层面，向国家制度和社会价值层面进行渗透。到朝鲜王朝建国之初，儒教入国的政策更是得到明确，自此儒教支配韩国社会长达500~600年之久。而在日本，自儒教传入后，一直到江户时代的后半期，还在"以寺子屋的教育作为基础，在各地设立以汉学（儒学）为中心的各种私塾，学问通过藩校得以普及"。①

　　然而，自鸦片战争以来，随着清朝的国力衰落，日、韩两国对汉字及汉文化的崇拜心理开始发生变化，日本由此打出了"脱亚入欧"的旗号。1894~1895年的甲午战争，曾经的天朝帝国又败给了日本，沦落为与朝鲜李氏王朝同病相怜的难兄难弟。所有这一切，加速了日、韩两国对汉字及汉文化的疏离。随后爆发的第二次世界大战、朝鲜战争，更使得中、日、韩三国之间产生了严重的伤痕，并一度出现了三国间文化交流的断裂。

　　这种伤痕与断裂是如此之深，即便彼此之间恢复建交已经多年，政治、经济与文化的往来也日趋密切，然而，这一切似乎没有能够消除彼此之间的猜疑与不信任。尤其在进入21世纪之后，中、日、韩三国之间领土纠纷、历史教科书、战争赔偿等问题迭出，彼此间的关系正逐渐变得情绪化和感情化。

　　在此背景下，"为了给闭塞的（东亚）现状送去新风，促进东亚间知识文化的交流，同时也为了文化领导力的育成"②，日本的三位从事人文出版的长者——MISUZU书房前社长加藤敬事、平凡社前董事龙泽武以及岩波书店前社长大冢信一产生了联合中、韩人文出版同行构建东亚出版人会议的构想。在这三人之中，加藤敬事因长期主持编辑《现代史资料》（全58卷，历时34年）这一"战后日本纪念碑式的出版物"而著称于出版界；龙泽武的平凡社则汇编有"东洋文库"，自1963年推出至2010年，收集、翻译并出版中、日、韩三国有

---

① 尾藤正英：《日本文化的历史》，南京大学出版社，2010，第109页。
② 加藤敬事：《東アジアの出版ために》，《東アジアの出版交流—第一回東アジア出版人会議の記録》，東アジア出版人会議，2006，第14页。

关文学、历史、思想、宗教、艺术等古典名著 800 余种；至于大冢信一所在的岩波书店，更是日本人文出版的重镇，其出版的《日本古典文学大系》（新、旧各 100 卷）、《日本近代思想体系》（23 卷）以及"岩波文库"、"岩波新书"等，都已成为日本人文出版的经典。

为实现这一构想，2004 年，加藤敬事、龙泽武先后走访了北京与首尔，与中国及韩国的人文出版界人士进行了沟通。在中国，他们与三联书店原总经理董秀玉进行了交谈；在韩国，则拜访了hangilsa 出版社的金彦镐总裁。在此过程中，加藤敬事真切地产生了"彼此之间空间的距离是那么的近，心理的距离却是那么的远"的实感，同时也坚定了"在面对面地率直地问题议论中，加深彼此之间的认识，构建起东亚的出版交流网络"的决心。① 所幸的是，加藤敬事等人的意愿得到了中韩出版人的共同响应。回首往事，中国的董秀玉也有过这样的言论："在西方出版强势的长期笼罩下，东亚出版人也感受到了复兴东方文化的重要，需要进行区域性的结合，跨越边界，以实际有效的方式促进东亚思想与文化的交流。为此，有来自日本、韩国及中国大陆、香港、台湾三个国家五个地区的出版人，倡议组织了东亚出版人会议，以重构东亚图书共同体为宗旨，促成东亚世界在互相理解和尊重基础上的出版合作与思想文化的对话。"② 而韩国的金彦镐也有同样的紧迫感："全球化是 21 世纪不可避免的现实，因此，书的交流以及（东亚）出版人间的合作方式，已经成为摆放在我们面前的十分迫切的课题——在出版文化的相互交流与理解的基础上，产生出能够超越经济利益的文化理解。这正是我们出版人必须认真寻求的超越政治与经济摩擦的文化之路。"③

① 加藤敬事：《東アジアの出版ために》，《東アジアの出版交流——第一回東アジア出版人会議の記録》，第 15 页。
② 转引自钟华、杨新美、李芸《书是灯，给你一个世界——第十七届北京国际图书博览会侧记》，《科学时报》2010 年 9 月 2 日。
③ 加藤敬事：《東アジアの出版ために》，《東アジアの出版交流——第一回東アジア出版人会議の記録》，第 22 页。

毫无疑问，这些出版人都已经意识到了中、日、韩三国间国家关系的脆弱性，意识到了国民在情感上的猜疑与不信任已经妨碍到国家间在政治、经济等方面的合作。因此，他们意图通过区域性的"出版合作与思想文化的对话"，来寻找出一条"超越政治与经济摩擦的文化之路"。于是，就有了 2005 年在日本东京召开的首届东亚出版人会议。

二　会议主题背后的焦虑

作为一个非营利性质的民间组织，东亚出版人会议以促进东亚地区的出版与文化交流为目的。从 2005 年至今，总共举行过 14 次会议（参见表 9 - 1）。从历届东亚出版人会议的主题来看，会议紧扣东亚文化与东亚出版两大主题，从人的交流、书的交流到出版策划的交流这三个层面，既务虚也务实。一方面通过相互间的文化与理念的交流，意在"了解东亚各国思想文化的渊源与流变，洞悉彼此邻近却相互隔膜的现代化心路历程"；另一方面则透过对东亚各国出版信息的分享，意在于"跨越国界的东亚共同文化事业"中确定东亚出版的角色与未来。为此，会议的创办者们最终将东亚出版人会议定义为"东亚读书共同体"。

表 9 - 1　东亚出版人会议简介

届数	日期	召开地点	会议主题	讨论内容
1	2005/9	日本东京	东亚各国的出版现状	编辑的作用与地位、编辑与作者的关系
2	2006/3	中国杭州	出版在产业文化中的地位	构筑超越国界的出版情报网络、东亚能否实现共同出版、能否设立比欧洲更为宽松的著作权基准
3	2006/10	韩国首尔	东亚出版今后该如何发展	历史上的东亚文化共识、"东亚出版计划"
4	2007/3	中国香港	东亚出版以及国际化	如何理解东亚出版国际化、如何推动东亚出版国际化

届数	日期	召开地点	会议主题	讨论内容
5	2007/11	台湾新竹	寻找东亚出版的将来	各国出版的历史与现状、对以东亚为主题的探讨
6	2008/3	日本京都	"东亚出版人会议"的新体制与使命	重新理解东亚历史与文化
7	2008/11	韩国首尔	人文精神与东亚出版的事例研究	出版业共同面临的问题、具体出版个案的陈述及评论
8	2009/4	中国丽江	"东亚人文书100"丛书	"东亚100部名著"的选定及出版计划
9	2009/10	韩国全州	东亚读书共同体的构建	"东亚100部名著"入选名单
10	2010/5	中国澳门	编辑与作者及出版策划	新时期编辑与作者的关系探讨,"东亚100部名著"的前景
11	2010/11	台湾花莲	东亚的读书运动及其实践	"东亚读书大学"实施方案的构想,"东亚100部名著"的出版进展
12	2011/12	日本东京	21世纪的大学与书籍和出版	书籍在大学的角色、大学出版的可能性、大学与书籍的公共性——大学能够成为读书文化的中心吗?电子书籍与读书的未来
13	2012/5	日本东京	如何描绘东亚文化地图	东亚文化地图的编辑——中心主题是什么?走向东亚文化地图共有——如何描绘感情记忆
14	2012/12	台北	出版的未来与知识流通	文献与图书的数字化与公共化、书本的未来及其可能性

　　事实上,由于三国出版人彼此间的文化差异以及对出版危机所持有的意识不同,结果对"东亚读书共同体"就有了各自不同的解读,最终就形成了文化交流与出版合作两个不同侧面的会议主题。其中,有人侧重于文化的交流,也有人更偏爱出版的合作。侧重于文化交流者以韩国国民大学教授韩敬九及中国三联书店原总经理董

秀玉为代表。如韩敬九认为，"在欧洲，即使国家不同，也共享精神资产。而东亚由于国民及国家的对立严重，因此知识分子也不了解对方的当代主要著作。所以有必要经常翻越屏障，彼此参观，共享最起码的知识资产"。① 而董秀玉则认为，组织东亚出版人会议，重构东亚读书共同体的宗旨，就是为了"促成东亚世界在互相理解和尊重基础上的出版合作与思想文化的对话"。

偏爱出版合作者则以时任日本平凡社董事、编辑局长的龙泽武及韩国 hangilsa 出版社的金彦镐总裁为代表。龙泽武希望通过东亚出版人会议，积极开展"东亚（彼此间）的具体的出版交流，共同的翻译出版计划，以及共同的新的出版策划"。② 他认为，"把出版的书推广给更多的读者以达到传播文化的目的，是出版者当仁不让的权利和义务"。同样，金彦镐也在香港举行的第四届东亚出版人会议上，更加明确地提出设立东亚出版基金、成立东亚出版学校、策划东亚丛书等三项具体合作建议③，意在通过"优秀图书东亚共享，构建东亚读书共同体，以促进东亚文化产业复兴"。

仔细分析这 14 届东亚出版人会议主题的变化，不难发现，如果文化的交流还带有几分务虚的话，那么，出版的合作就是十分典型的务实。在这过程中，在韩国首尔召开的第七届东亚出版人会议，应该是会议主题从务虚走向务实的分界线。

从第一届东亚出版人会议的主题"东亚各国的出版现状"，到第六届东亚出版人会议的主题"'东亚出版人会议'的新体制与使命"的具体演化过程来看，第一、第二届会议的主题应该是介绍与了解，即通过对本国出版业的介绍，以增进相互之间的了解；第三至第五

① 金基哲:《韩中日选出 100 本东亚当代古典书与读者共享》,《朝鲜日报》中文版 2008 年 3 月 29 日, http://cn.chosun.com/site/data/html_dir/2008/03/29/20080329000015.html, 最后访问日期: 2013 年 11 月 20 日。

② 加藤敬事:《東アジアの出版ために》,《東アジアの出版交流——第一回東アジア出版人会議の記録》, 第 53 页。

③ 缪立平:《探寻东西文化的新价值》,《出版参考》2007 年 4 月下旬刊。

届会议的主题应该是探讨，即在东亚的背景下探讨出版的未来以及合作的可能性；而第六届会议的主题则是在相互了解以及对出版危机共同认识的基础上对东亚出版人会议的重新定位。显然，这些会议的主题均以务虚的成分为多。

然而，第七届东亚出版人会议则有所不同，三国出版人在"人文精神与东亚出版的事例研究"的主题下，开始对出版个案进行具体分析，以期寻找出危机解决的途径；而第八、第九届会议更是以"东亚人文书100"为主题，开始了具体的翻译出版的合作；此后的第十届至第十四届会议的主题，也都是诸如编辑与作者关系、大学出版的角色以及图书数字化出版等具体的出版实务性的工作探讨。

之所以会有前后这般的差异，是因为随着东亚出版人之间相互了解的加深以及对出版危机感受的逐年深刻化，开始有了共同的危机意识。诚如台湾经联出版公司总裁林载爵所总结的："第三个世代（1990年代末期开始）的出版人正式处于这样一个大变局的时代。他们面对的是'书籍的死亡'的魔咒，出版的前途在哪里？读者在哪里？这些挑战是史无前例的严峻。他们需要付出比前两个世代的人更多的不断更新的创意，才能应付这个新局面。"[1] 也就是说，正是东亚出版业目前所面临的严峻事态，迫使出版人不得不由虚而实地寻求"新的创意"，来面向现实应对挑战。

三　"东亚人文100"

2010年9月，中国四川教育出版社率先出版了"东亚人文100"丛书中文简体版导读，随后，日本、韩国也推出了日文版与韩文版的导读。"东亚人文100"丛书的选编，应该是东亚出版人会议所进行的三国五方合作出版的新的尝试。在东亚出版人会议的引导下，

---

①　林载爵：《东亚出版人的三个世代》，《探求东亚出版的未来愿景》，东亚出版人会议，2007，第10页。

入选图书主要是文学作品之外的人文类学术著作。其中，中国大陆、韩国、日本各占 26 本，中国台湾 15 本，中国香港 7 本。

之所以选择人文类著作为三国五方合作出版的对象，用 MISUZU 书房守田省吾董事的话说，这是因为在过去"日本的出版业对中国的料理书籍，韩国的出版业对中国的小说，而中国出版业对韩国、日本的漫画有着强烈的关注，然而彼此之间对文化思想类图书却没有大的关心"的缘故。对此，台湾联经的林载爵与大陆三联书店的董秀玉都有同感："在台湾，我们无法了解日本、韩国的知识分子在思考什么，他们面临了哪些问题？提出了什么解答？同样的，我也怀疑日本、韩国对于当代中国的思想又了解多少。"① "东亚版权交易其实不算少，比如日本动漫、韩剧，大都是时尚类产品，人文、学术图书交流很少。日本的人文书我们还出了一些，韩国书基本没有。"②

由此而言，"东亚人文 100"丛书试图通过对三国五方代表性的人文类图书的推荐介绍，让三国的读者渐次熟悉了解文化的渊源以及当代知识阶层正在思考的那些问题。诚如"东亚人文 100"日文版封底介绍中所说的那样："在 20 世纪初期，东亚地区曾经有过极为繁盛的书籍、文化与学术的交流。但是，在这之后却持续了一个长时间的历史险恶时期，加上商业主义以及殖民主义的盛行，多年来，日本几乎见不到任何中国语及韩国语的人文图书。因此，本丛书所介绍的各种作品，一定会给日本的读者带来新鲜感般的惊喜。"③

因为，出版"东亚人文 100"丛书的本意是通过对东亚三国五方 60 年来的人文、社会、艺术类图书的翻译出版，以达到向其他国

---

① 董秀玉：《期待东亚思想文化交流的复兴》，《东亚人文 100 导读》，四川教育出版社，2010，第 13 页。

② 转引自陈一鸣《是东亚读书共同体不是东亚文化共同体》，《南方周末》2009 年 12 月 2 日。

③ 東アジア出版人会議：『東アジア人文書 100』，みすず書房，2011，封底语

家和地区的读者介绍本国或本地区文化的目的。有意思的是，从
"东亚人文 100"丛书所推荐的书目中可以看出，中、日、韩三国又
显示出了各自不同的偏好与侧重。

就中国的推荐书目而言，因为是由中方代表董秀玉与 8 名专家
采用了先确定作者，再寻找作品的原则，所以，就比较偏重于作者
的学术地位。平心而论，从《诗论》（朱光潜，1942）到《东亚儒
学九论》（陈来，2009），跨度长达 68 年，所选书目已基本将这一时
段的人文学术大师的代表作品罗致其中。不过，从作品的名单来看，
首先存在一个明显的时间断层（1958～1978 年）；其次，因为过于
强调作者的身份，所以在突出了作品的学术厚重感的同时，而常给
人以重"古"而轻"今"的感觉，即缺少当代社会研究的境界。好
在有《现代中国思想的兴起》（汪晖，2004），运用了后现代理论和
方法，作为一部观念的历史化的著作，为读者呈现了一种新的研究
视野；还有《明清之际士大夫研究》（赵园，1999），以思想史的方
式进入历史语境，并通过包含丰富的心态史的内容展现，让人感受
到了些许当代中国人文研究的风采。

至于韩国人的推荐书目，因为金彦镐把"东亚人文 100"丛书
视作"韩国走上世界知识舞台的一个契机"，是"东亚文明和文化被
正确认识、评价的人文学运动"①，所以，其书目的主题就更多地偏
重于对韩国历史与文化的介绍。在其全部的 26 部推荐作品中，竟有
11 本书的书名中都带有"史"字，如《具有意义的韩国历史》（咸
锡宪，1965）、《韩国医学历史》（金斗钟，1966）、《韩国科学史》
（全相运，1976）、《韩国音乐史》（张师勋，1976）、《韩国近代文艺
批评史研究》（金允植，1976）、《韩国数学史》（金容云、金容局，
1977）等等。由此可以看出，韩国的出版人希望通过介绍有关韩国的
历史，将韩国的文明与文化渐次推向东亚其他的区域，以最终走上

---

① 金彦镐：《为了新的书籍之路、文明之路》，《东亚人文 100 导读》，四川教育出版社，2010，第 7 页。

世界知识舞台。

与中、韩的推荐书目相比较，日本人的推荐书目似乎要有趣得多。其中一个典型的特征是作品范围的多元化，如《汽车的社会性费用》，是用新古典派的经济理论，阐述汽车给现代社会所带来的社会成本的增加及对市民权利的伤害，是对现代社会弊政的社会经济分析；如《狩猎和游牧的世界》，是作者在对亚欧大陆的狩猎和游牧民社会的考察基础上，将狩猎、游牧和农耕三种生活方式在地球历史的范围内的重新定位；还有《都市空间中的文学》，作者借鉴了现象学与符号学的研究成果，在都市的文本中去考察日本近代文学的变迁，开拓了文学批评的新视界。凡此等等，都体现出了一种现代的学术研究的方法与特色。而另一个典型的特征则是对于"精神"的热衷，如有《战时日本精神史》（鹤见俊辅，1982）、《精神史考察》（藤田省三，1982）、《意识和本质——追求精神层面的东洋》（井筒俊彦，1983）、《细微事物的诸形态——精神史备忘录》（市村弘正，1994），还有《精神史》（林达夫，2000）等。事实上，作者在这里所指的"精神"，更多的是日本人所关心的世界观与价值观，是日本文化的"精神"。

此外，还有中国台湾与中国香港的推荐书目，在全部的 22 本书目中，竟然只有三本带有中国台湾与中国香港各自特色的图书，即《日据下台湾政治社会运动史》（叶荣钟，1971）、《台湾历史图说》（周婉窈，1997）与《香港与中西文化之交流》（罗香林，1961）。更多的书目也被冠上了"中国"或者"中华"的字眼，成为大中华文化的组成部分。事实上，从年代上看，甚至都可以作为对中国推荐书目的缺失年代的补充。

毫无疑问，中、日、韩三国所推荐的书目可以说代表了各自不同的文化诉求。通过各国专家（职业读书人）推荐出他们认为的能够代表本国人文经典的作品，这本身就是一种进步。诚如董秀玉所说："从来各国很多的合作与吸收，都是从'我想要什么'出发，但我们也发现，他想要的，未必就是人家真正的思想精华。"①

2013 年 4 月，第一批"东亚人文 100"的四种中译本由四川教育出版社正式推出，其中包括来自日本的《汽车的社会性费用》与《战争时期日本精神史》，韩国的《韩国人的神话：那对面、那里面、那深渊》以及中国台湾的《幽暗意识与民主传统》。这也表明，在东亚出版人会议的推动下，中、日、韩三国间文化与出版的交流，已经进入了一个新的时期。

四　东亚出版的未来愿景

对东亚出版人会议而言，他们对"东亚人文 100"这样民间的文化、出版交流可以说寄予了无限的希望。用韩国金彦镐的话说就是："我们所推出的'东亚人文 100'丛书，应该会成为一项强有力的文化运动，成为一条克服东亚现存的政治、经济问题的文明之路，最终成为形成真正的东亚共同体的基础。"② 而中国的董秀玉同样也"希望以此为契机，消除偏见与隔阂，共同复兴、建设东亚文化，重构东亚的价值和理念"。③

事实上，自 21 世初以来，东亚三国出版人在出版的交流方面确实取得了长足的进展。来自国家版权局的统计资料充分反映出这一时期中国与日本、韩国在图书版权贸易上的良好增长势态（参见表 9 - 2、表 9 - 3）。资料显示，就在 2002～2011 年这 10 年间，中国对日本图书版权的引进增长了 1 倍多，而对日本图书版权的输出则增长了近 8 倍；同样，中国对韩国图书版权的引进增长了近 3 倍，而对韩国图书版权的输出也增长了 3 倍多。

---

① 转引自刑舟《东亚共同体：中日韩共商东亚一百册》，《亚洲周刊》2009 年 11 月 30 日。
② 《东亚人文 100 导读》，四川教育出版社，2010，封底语。
③ 《东亚人文 100 导读》，四川教育出版社，2010，封底语。

表 9-2　2002～2011 年中国对日本、韩国图书版权引进统计

年份	2002	2003	2004	2005	2006	2007	2008	2009	2010	2011
日本	908	838	694	705	484	822	1134	1261	1766	1982
韩国	275	269	250	554	315	416	755	799	1027	1047
合计	10235	12516	10040	9382	10950	10255	15776	12914	13724	14708

资料来源：本表根据国家版权局有关资料整理制作。

表 9-3　2002～2011 年中国对日本、韩国图书版权输出统计

年份	2002	2003	2004	2005	2006	2007	2008	2009	2010	2011
日本	18	15	22	15	116	73	56	101	214	161
韩国	103	89	114	304	363	334	303	253	360	446
合计	1297	811	1314	1434	2060	2571	2440	3103	3880	5922

资料来源：本表根据国家版权局有关资料整理制作。

然而，问题在于有了图书出版的交流并不就意味着文化交流的实现。这是因为"文化并非单向的交流和疏通，只有当融合与共享的美德共存时，文化才得以相生相长"。① 对此，日本筑摩书房的渡边英明也曾用"镜子"一词来描述图书翻译出版的功用："那些存在于我们意识之下的本民族文化是一个不可视的存在，只有借助其他文化的力量，我们才能够意识到'差异'和'不协调'。为了理解对方和自我，不同地域的人们要齐心协力制作一面'大镜子'，通过这面镜子，我们才能够面对自我真实的姿态，也才能够清楚我们该做什么、不该做什么。"②

在这里，渡边英明的"镜子"与李建雄所说的"融合与共享"可

① 李建雄：《韩国图书在中国的出版现状、特征及展望——以 2004～2009 年为中心》，《第十一届中韩出版学术年会讲稿》，2009，http://www.chuban.cc/rdjj/11zhyth/tpxw/200907/t20090730_51988.html，最后访问日期：2013 年 11 月 20 日。
② 渡边英明：《"东亚文化地图"——给我们的一面镜子》，《第十三次东亚出版人会议纪要》，http://ishare.iask.sina.com.cn/download/explain.php?fileid=36927953，最后访问日期：2013 年 11 月 20 日。

以说是异曲同工，他们所指的都是通过出版、阅读这样的文化交流，让读者有意识地通过交流、学习、模仿来影响他人与自身，并在此基础上构造出能够融合与共享的新的信念。这才是真正的文化创新。

由此而言，要实现东亚三国间真正的文化交流，未来的东亚出版人首先需要突破文化的隔阂。即需要深入挖掘与认识图书文化中的公共性意识，呈现图书文化中的人文性素质，传播图书文化中的革命性思想，齐心协力地制作出"大镜子"，让读者能够共享图书文化的各种内涵。

其次，要实现东亚三国间真正的文化交流，还需要未来的东亚出版人能够摆脱悲怆的历史记忆。在历史上，东亚各国曾经有过深入的文化交流，甚至还组成过"汉字文化圈"以及"儒学文化圈"。但是，近代以来兵戎相见的悲剧的上演，加之在战后又缺乏深刻的政治反省与民间交流，因而稍有风吹草动，便会激发出与历史记忆紧密相关的怨怼与仇恨。正因为此，就需要东亚出版人能够通过学术出版的方式，来对悲怆的或者说是怨怼与仇恨的历史记忆加以梳理。东亚出版人会议以及此前中、日、韩三国合编历史教科书《东亚三国的近现代史》等都属于历史记忆梳理的一部分。

再次，要实现东亚三国间真正的文化交流，还需要未来的东亚出版人能够突破语言的隔阂。语言是文化交流的工具，然而，即便是思想先行的东亚出版人会议的与会者们，都因为语言的障碍，"相互交流起来却相当的艰难，会议中及会后的交流中，参加者除个别人外，大部分人基本都不能用中文、日文或韩文直接沟通交流，之间的沟通与交流过程颇费周折，最后大家只能用简单的英语来交流"。① 而他们的努力也因此被媒体形容为"就像一群操着不同语言的人，打着熟练的手势试图重建'巴别塔'"。② 正因为此，即便是

① 缪立平：《探寻东西文化的新价值》，《出版参考》2007年4月下旬刊。
② 转引自刑舟《东亚共同体：中日韩共商东亚一百册》，《亚洲周刊》2009年11月30日。

为了项目的实施，无论是会议还是图书的文字翻译，也都需要有更多的双语甚至三语皆通的人才参与其中。

最后，要实现东亚三国间真正的文化交流，还需要未来的东亚出版人能够突破人文图书的市场隔阂。目前，中、日、韩三国之间的图书正随着版权贸易的推进，源源不断地进入彼此的图书市场。至少在三国间文学小说类的交流上，市场的坚冰已经被打开。如日本作家黑柳彻子的《窗边的小豆豆》，连续两年进入了中国十大畅销书行列；韩国作家金荣眩、柳敏珠的小说《大长金》在中国的销量也已超过了 50 万册，进入了超级畅销书行列；与此同时，中国作家覃卓颖的《一生要做的 49 件事》曾经两度入围韩国畅销书 100 部；而中国作家莫言也已经有包括《红高粱》、《丰乳肥臀》在内的 13 部小说在日本翻译出版。不过，令人遗憾的是，在三国的图书市场上，至今仍未能看到有影响力的畅销的人文图书。由此看来，东亚出版人文化交流的未来依然任重而道远。

作为一个出版人，韩国的金彦镐曾经有过"人类间不可能没有矛盾，但书可以给人们希望，和将这种希望予以实践的可能性。我们在试图重新发现书籍原本的意义"之说，可以说是对东亚出版人会议的意义的最好解读。然而，真正想要实现会议创始者们所提出的"成为一条克服东亚现存的政治、经济问题的文明之路，最终成为形成真正的东亚共同体的基础"的梦想，还需要克服诸多的障碍与难题，需要东亚出版人更进一步的努力。这或许是一个相当漫长的过程。

第十章
"阅读日本书系"的推出

随着中日两国关系从昔日的"政冷经热"进入"政冷经凉"，两国民众间的相互"恶感"也在不断上升，显然，长期的相互隔阂和不了解应该是这种"恶感"发展的原因之一。诚如清华大学王中忱教授所说："《菊与刀》被奉为日本研究的经典之作，但那是50多年前的作品，国人如欲了解日本特别是当代日本，不能仅凭这一本书。"正是在此背景下，作为中日间最大规模民间基金的笹川日中友好基金（以下简称"笹川基金"）推出了"阅读日本书系"（下面简称"书系"），以期通过对当代日本经典学术著作的翻译出版，来"帮助提高国民水平，使我们彼此足以了解对方"。而这也正是"书系"的现实意义所在。

一 "书系"与笹川基金

2009年7月9日，以笹川基金于展室长为首的一行人匆匆赶到南京，此次赴宁，正是为了考察并落实"书系"的合作出版对象。此前，他们已经在北京、上海走访了多家出版社，并就"书系"的合作出版进行了深入的探讨。

设立于1989年12月的笹川基金，是由日本财团首任会长笹川良一先生提议创立的。基金以促进中日两国的永久和平、增进中日民间相互理解为目的，基金规模为105亿日元，也是所有从事中日友好交流的基金中规模最大的。基金成立初始，就在中国国际友好联络会的对口支持下，一方面邀请中国的媒体工作者、政府官员访问日本，另一方面，则组织日本的大学生和日语老师前往中国。与此同时，还设立笹川奖学金，为中国的大学生提供了解日本的渠道。

正如笹川基金现任运营委员长笹川阳平所说的："我们认为21世纪日中关系的最大课题在于确立民间主导型的相互依存关系。——通过了解对方不同的历史与文化来理解和尊重对方，这样的国民关系正是支撑相互依存关系的最重要的基石。因此，我们确信，作为日中间最大规模民间基金的笹川日中友好基金当前应当解决的最重要的课题，便是帮助提高国民水平使我们足以了解对方。"①因此，随着中日政治间关系的变幻波动，从1990年代末起，笹川基金便以21世纪中日关系的人才培养以及构筑新的民间合作关系为目标，积极开展了诸如邀请中日校级军官互访、中国市长代表团访日考察、中国产业政策研究者访日考察、中国大学生访日参观、中国人气博主赴日采访等多项人员交流的活动，也组织了中日青年历史学术会议、21世纪日本青年论坛、日语教材开发等促进民间理解的项目。

然而，也是从1990年代末起，中日两国围绕着历史教科书、靖国神社参拜、钓鱼岛主权等问题不断产生纠葛，尤其是自2001年小泉纯一郎出任首相以后，随着小泉首相连续4年参拜靖国神社，加之日本政府对"新编历史教科书"的"审定合格"，中日两国政府首脑数年间互不相访，形成了国家关系中甚为罕见的"冰点"。

在2000年代的后半期，虽说小泉之后的日本政府首相如安倍晋三以及福田康夫为了缓和中日之间的政治不信任，对中国进行了被

---

① 笹川阳平：《笹川日中友好基金会致词》，笹川日中友好基金网站，http：//japan.people.com.cn/98852/98858/6807647.html，最后访问日期：2013年11月20日。

称为"破冰之旅"（2006）、"迎春之旅"（2007）的国事访问，而作为回报，中国的胡锦涛主席与温家宝总理也进行了被称为"融冰之旅"（2007）、"暖春之旅"（2008）的回访。

可就在当时中日政府间关系出现缓和，走向"暖春"之际，中日两国民众之间的相互"恶感"仍然出现不断上升的态势。正所谓"冰冻三尺，非一日之寒"，分析认为，是中日之间这种长期的相互隔阂和不了解致使相互间的"恶感"得以发展。用笹川阳平的话说就是："日中之间缺乏相互了解和理解，这样大家就会产生隔阂和误解。"①

正是在这样的背景下，2009 年 3 月，经由运营委员们的提议，笹川基金开始着手实施"阅读日本书系"的合作出版项目，"目的是通过向中国的普通读者介绍一些关于现代日本的读物，以增进对日本的了解"，②并计划在 5 年内完成 100 部翻译著作。而于展室长一行此前对北京、上海、南京等地出版社的走访，正是为了了解中国国内的读者市场，并落实项目的合作对象。

就在 2009 年底，"书系"合作出版社得到了最终落实，分别是社会科学文献出版社（北京）、三联书店（北京）、人民文学出版社（北京）、北京大学出版社（北京）、世界知识出版社（北京）、新星出版社（北京）及南京大学出版社（南京）。之所以选择这七家出版社，既因为这七家出版社都是国内人文图书出版的名社，也因为这七家出版社都曾经有过日本相关著作的出版经历。其中，社会科学文献出版社出版有《超越国境的历史认识》（2006）、《中日友好交流三十年》（2008）等；世界知识出版社出版有《跨世纪的中日关系》（1998）、《中日两国的互相认识》（2003）等；北京大学出版社出版有《日本小说史》（2009）、《日本文学思潮史》（2009）等；南京大

① 转引自包丽敏《中日不妨"求大同，存大异"》，《中国青年报》2012 年 8 月 27 日。
② 见笹川日中友好基金网站介绍，http://spfjc.people.com.cn/98858/6839798.html，最后访问日期：2013 年 11 月 20 日。

学出版社出版有《何为日本》（2008）、《何为日本人》（2008）等；至于三联书店，20世纪30年代便翻译出版了日语图书《社会主义讲话》（1933），截至2009年，累计翻译出版有98种作品；而作为推理小说出版大户的新星出版社，仅其"午夜文库"就包括《斜屋犯罪》（2008）、《占星术杀人魔法》（2008）在内的30多种日本推理小说；还有人民文学出版社，同样也是日语小说的翻译大户，从《忧国》（1971）、《源氏物语》（1980）到《万叶集》（2008），前后翻译出版有50余种日语小说。

在此基础上，笹川基金与各家出版社会商，于2009年11月组成了"书系"联合编辑委员会，由社会科学文献出版社社长谢寿光出任委员长，下设事务局，具体负责版权联系等各项业务的开展。

二　图书选考之不易

"书系"应该向中国的读者推荐什么样的书籍？为了解决这一问题，在"书系"联合编辑委员会成立的同时，还专门成立了"书系"的图书选考委员会。图书选考委员会由中日双方各推5名专家组成，并由东京大学高原明生教授出任委员长。如果说"书系"的联合编辑委员会是具体负责图书翻译出版事宜的话，那么"书系"的图书选考委员会则具体负责图书的推荐。

显然，图书的推荐并不是一件容易的事。因为每年日本出版有7万多种新书，而且每一位图书选考委员都有着各自不同的专业方向，还有不同的阅读口味。为此，选考委员会在图书推荐上确定了如下的原则：（1）全新，所推荐的图书应为日本在20世纪80年代后出版的作品；（2）全面，是有关当代日本的政治、经济、思想、文化、军事、法律等各个领域的全面介绍；（3）权威，应以作者的知名度、著作的影响力及著作的可读性为主要推选标准；（4）亲和，所推荐的图书应该考虑到中国读者的阅读倾向。

2009年11月，中方图书选考委员率先提出了25种推荐图书，

2010 年 6 月，日方图书选考委员也提出了 20 种推荐图书。① 之后，在 2011 年，"书系"的书目推荐方式有所改进，各项目出版社也有权自行推荐图书，只要经图书选考委员会同意后同样可以入选。于是推荐图书的数量及范围都有所扩大，就在这一年，中日双方委员及出版社总共提出了 70 种推荐图书。此后，在 2012 年又提出了 64 种图书推荐书目。也就是说，从 2009 年起至今，经中日双方图书选考委员及出版社的共同努力，已经推选出 179 种图书，这就为"书系"的翻译出版奠定了厚实的基础。

　　不过，就中日双方委员首期所推荐的 45 种首批书目而言，双方委员们的选书偏好显然各有不同。在中方委员所推荐的书目中，以《日本文化的历史》、《战后日本的大众文化》为首的文化类图书就占了 15 种，其次是政治类图书 5 种，经济类图书 3 种，此外，军事类、外交类图书各 1 种；而在日方委员所推荐的书目中，以《国债的历史》、《财政学》为首的经济类图书则占了 5 种，其次是文化类图书 4 种，政治类图书 4 种，外交类图书 2 种，以及其他图书 5 种。

　　在推荐书目上，中日双方之所以会出现这种偏好上的差异，一方面是由于图书选考委员的专业结构所致，因为中方委员中有三人的专业为日本文化研究的方向，而日方委员中文化方向的研究者仅有一位；另一方面，中日委员之间确实存在选书理念上的差异，如果说中方委员是基于对中国读者及市场的了解来进行作品的推荐，多少带有几分"读者想要什么"的意识，那么，日方委员更多的是关注作品的社会意义，颇有几分"想去让中国读者知道什么"的味道。于是，反映在推荐书目中，就在中方委员极力推荐诸如《日本文化的历史》、《战后日本的大众文化》、《富士山与日本人》、《战后日本漫画 50 年》、《和食与日本文化》这样的大众文化类图书的同时，日方委员则更倾心于推荐《皇室制度的思考》、《靖国战后秘

---

① "阅读日本书系"联合编辑委员会：《2010 年度"阅读日本书系"项目工作报告》（附录一），北京，2010 年 10 月 19 日。

史》、《公害原论》、《地方分权改革》、《高龄者无法生活》、《安全保障学入门》这样非常典型的日本特色类的图书。

事实上，究竟是中方委员的推荐还是日方委员的推荐更适合中国读者，在现阶段的确是一道很难会有答案的判断题。因为如果就市场的反响而言，中方委员所推荐的书目，"在题材上对中国读者具有很大吸引力，篇幅适中，语言也较平易，受众面广。南京大学出版社的《日本文化的历史》、《日本文化中的时间与空间》已经加印，当当网上的图书评论的数量也同样印证了这点"。① 然而，如果从作品的内容分析，日方委员所推荐的书目，诸如皇室、靖国神社、公害、地方分权、高龄者社会、安全保障等，都是目前日本社会所关心的热点话题，可以说十分贴近日本社会的现实。

因此，由中日双方委员共同推荐书目，对于"书系"项目而言，应该说是一个不可或缺的互补式平衡。在谈及东亚出版人会议的意义时，三联书店原总经理董秀玉曾经说过："从来各国很多合作与吸收，都是从'我想要什么'出发，但他想要的，未必就是人家真正的思想精华。"② "书系"也是如此，平心而论，从日方委员所推荐的书目中，我们确实能够读出现代日本社会的那些波动，也同样感受到了日方委员对中国读者的殷切期望。

三　版权之路的艰难

推荐书目的提出，并不意味着项目的实施。对"书系"来说，所想象不到的是版权联系的艰难。截至 2012 年底，总共有 179 种推荐图书，版权涉及 100 余家日本出版社。

在 2012 年度的"阅读日本书系"项目工作报告中有过这样的说

① "阅读日本书系"联合编辑委员会：《2011 年度"阅读日本书系"项目工作报告》，北京，2012 年 1 月 6 日。
② 转引自陈一鸣《是东亚读书共同体不是东亚文化共同体》，《南方周末》2009 年 12 月 2 日。

明："2009 年度收到荐书 25 种，确定无法取得版权 8 种（见附录 4
《已终止运作的选题》）。2010 年度收到荐书 20 种，因版权或其他原
因终止运作的有 11 种（见附录 4）。2011 年度收到荐书 70 种，确定
无法取得版权的图书有 28 种（见附录 6《2011 年度已终止选
题》）。"① 也就是说，每年都有超过 30% 的"书系"推荐图书，都
是因为联系不到版权而不得不放弃。造成这一困局的主要原因，是
日本有相当一部分出版社对于版权的询问根本不做任何回复，而仅
此比例就高达 30%。

　　事实上，在版权联系过程中，除了有 30% 的出版社不做回复之
外，还有诸如版权渠道不畅、联系时间拖宕、著作权利分散以及预
付金过高等因素的存在，致使"书系"的版权之路越发艰难。以南
京大学出版社为例，有些推荐图书如《日本美术的解读》、《日本人
的经济观念》等，前后联系长达两年的时间，版权依然得不到落实。

　　第一，所谓的版权渠道不畅，是因为由于日本的出版社对中国出
版社及图书市场不了解，加上这些出版社又没有专门从事版权业务的
人员。因此，除讲谈社、岩波书店等专门设有法务室的大型出版社外，
大部分出版社都表示不愿进行直接的版权交涉，而是希望通过版权公
司委托代理。而"书系"此前所接触的日本版权代理公司，主要有两
大类：一类是海外的版权代理公司，如中国台湾的博达、韩国的爱力
阳以及中国大陆的汉和、向远等；另一类是日本本土的版权代理公司，
主要有日本著作权输出中心（JFC）、酒井著作权事务所等。它们各自
代理着不同的出版社。不过，让人不解的是，那些日本本土版权代理
公司即日本著作权输出中心、酒井著作权事务所等，常常会在确认了
版权之后，不直接与我方出版社联系，而是将版权代理的事务转交博
达，再由博达接手联系。如《近世日本的经济社会》（速水融著）
就是这样经由 JFC 转交博达，然后再签约的。

---

① "阅读日本书系"联合编辑委员会：《2012 年度"阅读日本书系"项目工作报
　告》，北京，2012 年 11 月 26 日。

第二，至于时间的拖宕，是指联系版权的过程中，日方出版社在收到信函后，仅仅对版权的确认就会拖上一段时间才给予回复。不仅如此，有时甚至会不断地提出要求。如在联系讲谈社《日本政治的失败》一书版权时，就遇到对方（作者）先是索要出版社及"书系"的介绍，随后又要求说明推选此书进入"书系"的理由，最后还要求提供译者名单以及译者介绍。即便我方再三说明在版权没有落实之前，暂时无法确定译者，甚至同意只要版权落实，就马上确定译者，并提供译稿5页由对方审核，结果对方仍旧没有同意。就这样前后花费了8个月的时间，版权却最终没能落实。

第三，是权利混乱，日文版图书因为照片、插图及文字分属不同的作者而权利分属不同，因此出版社在授权时就需要得到各方的同意。有相当一部分配图的作品就因为授权困难而无法引进。这是非常遗憾的。就像服部幸雄的《图说歌舞伎的历史》（平凡社），还有三省堂的"落语"、"狂言"、"能"、"文乐"、"歌舞伎"、"日本舞俑"在内的日本传统文化的"手册系列"，就是因为照片、插图过多，导致权利者分散而难以获得授权。

第四，是预付金过高，这主要集中在一些图片为主的作品中。如《剑道》一书日方的预付金报价就高达70万日元。此外，还出现有预付金门槛逐年提升的趋势，如岩波书店已经将所有图书的版权预付金定在了20万日元的门槛上。对于"书系"这样的以学术著作翻译出版为主体的项目而言，确实是一笔不菲的费用。

之所以会出现以上种种情况，首先，是因为日本的图书版权是由出版社及作家共同持有。也就是说，出版社在进行版权输出时，必须征得全部作者的同意。这不仅给版权交涉增添麻烦，而且还会分割出版社的版税收入。正因为如此，日本有些出版社在对外版权输出态度上颇不积极，因此才会出现时间拖宕以及强调授权困难而无法输出的现象。

其次，日本也是一个非常重视著作权法的国家。早在1970年日本就制定了《著作权法》，此后又不断地加以完善，至2012年，前后有过 41 次的修改。其中，对著作权侵犯的处罚从最初的 30 万日元（1970 年）的罚金，增加到了 1000 万日元（2006 年）。① 在此背景下，出版社通过专门的版权代理公司来进行版权输出，事实上是对自己的一种保护。因此在客观上造成了渠道不畅以及时间的拖宕。

最后，由于近些年日本生活类图书以及小说在中国国内出现畅销，如讲谈社的《窗边的小豆豆》、《德川家康》，还有新潮社的《1Q84》，在国内的销售册数均过百万，版税也随之水涨船高。对日本的出版社而言，与日本国内的市场相比，图书版权输出的总体经济效益不高，尤其是学术性图书，甚至不到 20 万日元的预付金。也就难怪日本的出版社持有消极的版权输出态度。

由此而言，要做好"书系"的版权引进，首先，有必要加强与日本图书出版业之间的交流。通过交流，让日本的出版社了解"书系"，同时也让他们了解目前中国的图书市场。诚如讲谈社中国事业部部长刘岳所说："增加图书的版权贸易，不仅需要了解日本的出版物，同时一定要了解中国的市场。"② 只有在沟通的基础上，双方有了理解，才能构筑起版权合作的平台。

其次，提倡与作者的直接沟通。因为日本的图书版权是由出版社及作家共同持有，因此，得到作者的理解与支持，对版权的引进就很有帮助。如南京大学出版社的《从音乐看日本人》（作者小岛美子）、《日本的庭园》（作者小野健吉）等书的版权，都是通过与作者的直接沟通而敲定的。其间，小野健吉先生甚至写出委托书，指明由南京大学出版社出版《日本的庭园》中译本。

再次，进一步拓展与东贩公司及日本本土其他版权代理公司的联系。作为目前唯一一家不转手海外代理公司而与"书系"直接联系的日本本土版权代理，东贩公司在加速版权联系进程上有着不可替代的优势。不过，在委托出版社的数量上，东贩公司似乎不占任

① 杨和义：《日本著作权法律的新变化及其特征》，《海峡法学》2010 年第 1 期。
② 刘岳：《中国出版界的实状》，日中出版人会议，北京，2012 年 9 月 26 日。

何优势。

最后，要让"书系"图书也能够进入国内畅销书行列。只有这样，才能真正克服版权引进中的短板。由此而言，就需要"书系"在推荐书目以及图书制作上都有所创新。

无论如何，想要走出目前"书系"版权引进上的困境，不仅需要我们在版权联系的手段上有所开拓，同时也需要我们能对引进图书的选题，即图书的内容是否能够受到读者喜爱加强分析，并对图书的市场定位予以细分，只有这样才能够确保"书系"效益的最大化。

四 了解日本的桥梁

从 2009 年"书系"项目启动，至 2013 年 6 月底，"书系"总共翻译出版有 43 种图书。其中，南京大学出版社出版 22 种，社会科学文献出版社出版 14 种，世界知识出版社出版 4 种，北京大学出版社、三联书店及新星出版社各出版 1 种（参见表 10 - 1）。

表 10 - 1 "阅读日本书系"已出版图书统计

书 名	推荐人	出版社	出版时间	销售现状（册）
日本文化的历史	中方	南京大学出版社	2010/03	3974（1 版 2 次）
战后漫画 50 年史	中方	南京大学出版社	2010/03	3176
战后日本大众文化	中方	社会科学文献出版社	2010/06	2915
日本地方自治	中方	社会科学文献出版社	2010/06	1590
富士山与日本人	中方	社会科学文献出版社	2010/06	2076
手机小说的秘密	中方	南京大学出版社	2010/08	1714
日本经济史 1660～2000	中方	南京大学出版社	2010/08	5145（1 版 3 次）
日本文化中的时间与空间	中方	南京大学出版社	2010/08	3555（1 版 2 次）
茶道的历史	中方	南京大学出版社	2011/01	3322
招标改革：改变幕后操作的日本社会	中方	南京大学出版社	2011/03	1135
国债的历史：凝结在利息中的过去与未来	日方	南京大学出版社	2011/03	2654
财政学：财政现象的实体化分析	日方	南京大学出版社	2011/03	1541

书　　名	推荐人	出版社	出版时间	销售现状（册）
国际关系论	中方	社会科学文献出版社	2011/03	1332
日本动画的力量	中方	社会科学文献出版社	2011/04	3395
日本料理的社会史	中方	社会科学文献出版社	2011/04	2580
国际经济学导论	中方	社会科学文献出版社	2011/04	1231
大学的诞生	中方	南京大学出版社	2011/06	1513
花道的美学	中方	南京大学出版社	2011/06	3666（1版2次）
日本电影与战后的神话	中方	南京大学出版社	2011/08	1962
伪满洲首都规划	日方	社会科学文献出版社	2011/08	10
政策型思考与政治	中方	社会科学文献出版社	2011/11	937
日本老年人的生存困境	日方	世界知识出版社	2011/11	—
日本社会的历史	日方	社会科学文献出版社	2011/12	初版1320 再版292
经济思想	中方	南京大学出版社	2012/03	1407
日本公务员人事制度	中方	三联书店	2012/04	—
战后日本社会阶级构造的变迁	中方	南京大学出版社	2012/06	1284
日美关系史	日方	世界知识出版社	2012/09	—
思考皇室制度	日方	社会科学文献出版社	2012/09	276
日本科幻小说史话	中方	南京大学出版社	2012/10	1586
从音乐看日本人	中方	南京大学出版社	2012/10	1554
日本安全保障学概论	日方	世界知识出版社	2012/12	—
反古典的政治经济学	中方	北京大学出版社	2013/01	—
茶道的美学	中方	南京大学出版社	2013/01	2640
现代日本人的意识解读	中方	南京大学出版社	2013/01	1733
宏观经济学要点	中方	南京大学出版社	2013/01	1620
媒体与日本人：日常生活的演变	中方	南京大学出版社	2013/01	960
体制改革的政治经济学	日方	社会科学文献出版社	2013/01	124
黑船来航：对长期危机的预测摸索与美国使节的到来	中方	社会科学文献出版社	2013/03	115
日本地方分权改革	日方	社会科学文献出版社	2013/03	17
战后日本外交史：1945～2010	日方	世界知识出版社	2013/04	—
田中角荣的昭和时代	日方	南京大学出版社	2013/05	525
日本文化的构造	中方	南京大学出版社	2013/05	482
近代都市公园史	中方	新星出版社	2013/06	—

　　注：表中的数据均为截至2013年6月的市场实销数。

　　资料来源：本表根据"书系"工作会议有关资料统计。

就南京大学出版社的销售数据分析，迄今为止，"书系"总共出版文化类图书 10 种，经济类图书 6 种，社会类图书 6 种。其中，包括《日本文化的历史》、《战后漫画 50 年史》、《日本文化中的时间与空间》、《茶道的历史》、《花道的美学》及《日本经济史 1600 ～ 2000》在内的 6 种图书的市场销量超过了 3000 册。不难看出，在这 6 种图书中，文化类图书就占了 5 种，经济类图书 1 种，而社会类图书则为空白。

社会科学文献出版社的情况也是同样，在其所出版的 14 种图书中，销售最好的图书依次是《日本动画的力量》、《战后日本大众文化》、《日本料理的社会史》、《富士山与日本人》等。

由此来看，国内读者的阅读倾向还是比较偏好日本的文化类图书。

然而，必须指出的是，"书系"作为介绍日本的窗口，从一开始就确定了"商业性较强的图书无需这个项目的推动，应该坚持做一些即使市场较小但有价值有意义的图书"的原则，[①] 因此，在基金的支持下，"书系"依然广泛地收入并出版了包括政治、外交、军事等不同方向的图书。

正因为此，"书系"的工作得到了日本原书作者们的高度评价。在《财政学》一书的版权联系过程中，原书作者神野直彦教授曾亲自写信给版权代理公司，在表示同意中文版权转让意愿的同时，主动要求将本书的版权预付金门槛降低至 5 万日元。而在《日本经济史 1600～2000》中译本出版后，原书的作者——关西大学浜野洁教授还专门致谢译者——南京大学外国语学院的彭曦教授："学校的中国留学生在读过本书的中译本后，对理解原文中的一些日语表述难点，感觉到非常有帮助。现在，日本大学中的中国留学生的数量在不断增加，对这些留学生来说，日本史是一门有相当难度的课程，

---

① "阅读日本书系"联合编辑委员会：《2010 年度"阅读日本书系"项目工作报告》（附录一），北京，2010 年 10 月 19 日。

而本书中译本的出现，无疑是一个非常好的消息。"

与此同时，"书系"的工作也得到了中国读者们的充分理解。在网络上，四处可见读者们的评价，如网友 Sealy 对《花道的美学》一书评价说："很有深度的一本关于日本花道的小册子，看似每篇文字不着花道，实则处处在说花道。不是就花道在说花道，而是就日本的文化来论说花道。——《花道的美学》不仅仅是讲花道。日本国的由来、日本人的信仰、佛教、花的文化、花道的前世今生、花道的前途等，都是作者想说的内容。许多年不曾一口气把一本书读完，读《花道的美学》我都废了晚饭。"[1] 还有网友呆对《国债的历史》的评价："与本书对比可以看出国内学术界对基础研究的忽视，盲目追求为政府献计献策。经济学研究应当是实证性的，而不是政策导向的，本书为国内学术界提供了极好的范例。想了解世界各主要大国国债发展历程的，必读此书!"[2]

诚如李半聪先生在书评中所说的："本尼迪克特经典的《菊与刀》展现了一个双面日本，但是对中国人而言，这个关于日本的记忆一定比美国人要坏很多倍。到底什么样的面貌，才是真实的日本?"[3] 在目前中日两国关系再度陷入冰点的时期，作为出版人，作为中日文化沟通的桥梁，尤其应该将一个"真实的日本"介绍给国内的读者，这种介绍不应是为了证明某种理念或者为某种理念辩护，而是期望读者通过阅读，去梳理出当代日本的社会本质，去还原出渴望成为"正常国家"的日本人的"国民性"。

---

[1] 亚马逊网站书评，http://www.amazon.cn/product-reviews/B006G4K798，最后访问日期：2013 年 11 月 20 日。

[2] 亚马逊网站书评，http://www.amazon.cn/% E5% 9B% BD% E5% 80% BA% E7% 9A% 84% E5% 8E% 86% E5% 8F% B2 – % E5% 87% 9D% E7% BB% 93% E5% 9C% A8% E5% 88% A9% E7% 8E% 87% E4% B8% AD% E7% 9A% 84% E8% BF% 87% E5% 8E% BB% E4% B8% 8E% E6% 9C% AA% E6% 9D% A5 – % E5% AF% 8C% E7% 94% B0% E4% BF% 8A% E5% 9F% BA/dp/B005I0L8A8/ref = sr_ 1_ 1? s = books&ie = UTF8&qid = 1373073634&sr = 1 – 1&keywords = % E5% 9B% BD% E5% 80% BA% E7% 9A% 84% E5% 8E% 86% E5% 8F% B2，最后访问日期：2013 年 11 月 20 日。

[3] 李半聪：《黑泽明的界限》，《新京报》2010 年 10 月 2 日。

五 "书系"的未来

目前，日本所资助中文翻译出版的基金大致有：丰田基金，2005 年以来，主要资助东亚出版人会议及"东亚人文 100"丛书，2013 年 4 月首次资助出版了《战争时期日本精神史（1931～1945）》（鹤见俊辅著）等 4 部作品；国际交流基金，在 2006～2012 年间，总共资助中文翻译出版项目 50 项，其中 2012 年资助出版《未生的日本美术史》（千叶成夫著）等 4 部作品；① 三得利文化财团，在 1992～2012 年间，总共资助中文翻译出版项目 37 项，其中 2012 年资助出版《中国近代外交的形成》（川岛真著）等 4 部作品；② 以及笹川基金，在 2009～2013 年间，总共资助中文翻译出版项目 42 项，其中 2012 年资助出版《从音乐看日本人》（小岛美子著）等 8 部作品。

如果就资助的总量而言，毫无疑问，国际交流基金是项目资助最多的；如果从资助的历史来看，那么，三得利文化财团可以说是资助历史最为悠久的；如果就资助项目的人文学术含量分析，显然，笹川基金是含金量最高的。因为在国际交流基金资助的项目中甚至有《乐园》（宫部美幸著）这样的小说，而三得利文化财团也有对《丸谷才一小说集》（丸谷才一著）这类文学作品的资助。

正因为此，"书系"得到了国内学术界的高度评价，因为它的出版，可以帮助中国的读者准确了解日本。用社会科学文献出版社谢寿光社长的话说就是："对中国公众来说，日本是一个看似熟悉实则陌生的国家。中日交流源远流长，但是，一个不容忽视的事实是，

① 日本国际交流基金：助成事业一览，国际交流基金网站，http：//www. jpf. go. jp/j/culture/media/publish/supportlist_ p_ 18. html，最后访问日期：2013 年 11 月 20 日。
② 日本サントリー文化财团：《助成事业一览》，サントリー文化财团网站，http：//www. suntory. co. jp/sfnd/publication/language/list/10. html，最后访问日期：2013 年 11 月 20 日。

近年来中日两国之间在一系列问题上摩擦不断，两国民众的相互'恶感'有不断上升趋势。而长期的相互隔阂和不了解正是这种'恶感'发展的原因之一。"① 北京大学教授王新生同样认为，"日本国内日本人研究的著作非常多，但中国国内译介不够，为了客观全面地了解中国的近邻日本，我们需要翻译更多这方面的图书，'阅读日本书系'的出版可谓适逢其时"。②

2012 年是中日邦交正常化 40 周年，就在这一年的 4 ~ 5 月间，由《中国日报》和日本言论 NPO 共同实施了"中日关系舆论调查"（第 8 次），在这项中方有 2630 名国民、日方有 1000 名国民参与的社会调查中，尽管双方都有超过 80% 的国民认为中日关系非常重要，然而，令人遗憾的是，双方却各有超过半数的国民表示不愿意去对方国家旅行，而且，双方国民中对对方国家表示亲近的人数仅占总人数的 6% 。③ 也就在这一年，由于钓鱼岛事件，中日两国间的关系再次跌入了低谷，国家之间包括政治、外交、经济、文化等领域的交流也都一度陷于停顿，叠现出在历史与现实中的纠葛的影响下，中日两国不仅政府之间而且国民之间的互信和契合度也都远远不尽如人意。

在此背景下，作为民间文化交流与传播先行者的"书系"，在促进中日两国民间的相互理解方面，就起到了不可替代的作用。诚如笹川基金运营委员长笹川阳平所说："我们这些年工作的切身体会是，民间交流不能让政治影响、左右和介入。一旦政治干预，我们的很多工作都会泡汤。政治应该给民间的交流留有余地和自由，这种交流不能中断。"④

---

① 王彤：《中国出版"阅读日本书系"助公众准确了解日本》，中国新闻网，2010 年 8 月 9 日，http://www.chinanews.com/cul/2010/08 - 09/2456528.shtml，最后访问日期：2013 年 11 月 20 日。

② 王洪波：《"阅读日本书系"增进对日了解》，《中山日报》2010 年 8 月 21 日，第 5 版。

③ 言論 NPO：《第 8 回日中共同世論調査の結果公表》，2012 年 6 月 20 日，http://www.genron-npo.net/pdf/forum2012.pdf，最后访问日期：2013 年 11 月 20 日。

④ 转引自包丽敏《中日不妨"求大同，存大异"》，《中国青年报》2012 年 8 月 27 日。

也正因为此，在笹川基金支持下，从 2014 年起，"书系"又将进入第二个五年期（2014～2018 年），出版目标已不再是 100 部，"只要可能，200 部、300 部我们也都会出"。围绕这一目标，在书目推荐上，要在将内容更为广泛地涵盖日本社会各个领域的同时，体现出对于时代、市场以及社会品位等要素更高层次的追求；在版权引进上，要在与版权代理公司密切合作的同时，主动与日本的出版社以及作者建立起直接合作的关系；在图书制作上，也要在表达"书系"淡雅自然的风格特征的同时，体现出其在内容与形态和美融合基础上的鲜活的特色化风格。

在当前的社会历史语境下，从国家关系上来说，中日两国之间甚至已从昔日的"政冷经热"进入了"政冷经凉"。即便如此，双方依然认为"中日关系是最重要的双边关系之一"，此前的"中日关系舆论调查"（第 8 次）结果也证实了这一点，这就意味着中日两国最终还是要趋向政治互信甚至安全合作。于是，"通过日本作家笔下当代日本的解读，去解悟反省历史，以开放的心态寻求两国国民在历史、文化以及情感方面的跨时空对话和理解"[①]，既是时代赋予"书系"的千载难逢的历史机遇，同样也是我们这一代出版人的义不容辞的历史责任。

（本章节略版曾以《"阅读日本书系"的策划与引进》为题发表于《现代出版》2014 年第 1 期）

---

① 张楠：《南大推"阅读日本书系"》，《扬子晚报》2010 年 11 月 8 日。

参考文献

中文专著

本书编写组:《中国出版业变革三十年》,人民出版社,2009。

东亚出版人会议:《东亚人文 100 导读》,四川教育出版社,2010。

东亚出版人会议:《探求东亚出版的未来愿景》,东亚出版人会议,2007。

〔美〕格莱科、罗德里斯、沃顿:《21 世纪出版业的文化与贸易》,中国人民大学出版社,2010。

〔美〕斯科特·伯格:《天才的编辑》,陕西人民出版社,1987。

教育部社会科学司:《中国高校出版社发展报告 2005～2010》,中国人民大学出版社,2011。

蒋雪湘:《中国图书出版产业组织研究》,湖南大学出版社,2010。

唐弢:《晦庵书话·水仙》,生活·读书·新知三联书店,1995。

〔日〕长冈义幸:《出版大冒险》,国际文化出版公司,2006。

〔日〕小林一博:《出版大崩溃》,上海三联书店,2004。

〔日〕尾藤正英:《日本文化的历史》,南京大学出版社,2010。

〔日〕植田康夫:《出版大畅销》,国际文化出版公司,2011。

孙洪军:《日本出版产业论》,中国传媒大学出版社,2009。

王余光：《中国新图书出版业的文化贡献》，武汉大学出版社，1998。

马祖毅：《中国翻译通史》，湖北教育出版社，2006。

肖东发、方厚枢、汪家熔等：《中国出版通史》，中国书籍出版社，2008。

肖东发：《中外出版史》，中国人民大学出版社，2010。

新闻出版署：《新中国出版 50 年》，人民美术出版社，1999。

谭汝谦：《中国译日本书综合目录》，香港中文大学出版社，1980。

徐小傑：《图书出版产业评价体系》，中国书籍出版社，2011。

中国出版年鉴社：《中国出版年鉴》，中国出版年鉴社，2000 ~ 2011。

左文：《文化全球化视野下的中国数字出版业》，清华大学出版社，2012。

新闻出版总署信息中心：《全国总书目》，中华书局，2000。

中国版本图书馆、《全国总书目》编辑部：《全国总书目》电子版，2001 ~ 2011。

日文专著

谭汝谦：『日本譯中國書綜合目録』，香港中文大学出版社，1981。

全国出版協会、出版科学研究所：『2012 年版　出版指標年報』，出版科学研究所，2012。

日本経済新聞社：『日経業界地図』，日本経済新聞出版社，2012。

日本統計協会：『統計でみる日本』，日本統計協会，2012。

日販：『出版物販売額の実態 2012』，日本出版販売株式会社，2012。

矢野経済研究所：『出版社経営総鑑 2010』，矢野経済研究所，

2010。

　　河原俊昭、山本忠行：『外国人と一緒に生きる社会がやってきた』，くろしお出版，2004。

　　法政大学キャリアデザイン学部：『法政大学キャリアデザイン学部紀要』，法政大学，2008。

　　山口瞳：『わたしの読書作法』，河出书房新社，2004。

　　重金敦之：『編集者の食と酒と』，左右社，2010。

　　速水健朗：『ケータイ小説的』，原书房，2010。

　　村瀬拓男：『電子書籍の真実』，毎日 communications，2010。

　　山田順：『出版・新聞絶望未来』，東洋経済新報社，2012。

　　山田順：『出版大崩壊　電子書籍の罠』，文春新書，2011。

　　東アジア出版人会議：『東アジアの出版交流—第一回東アジア出版人会議の記録』，東アジア出版人会議，2006。

　　東アジア出版人会議：『東アジア人文書 100』，みすず書房，2011。

　　高木利弘：『電子書籍ビジネス調査報告書 2010［ケータイ・PC 編］』，インプレス R & D，2010。

中文报刊

　　张凤瑞：《明确定位　深化转移》，《新闻出版交流》1996 年第 1 期。

　　《新闻出版总署等国家机关之相关民营书业政策回顾》，《中国新闻出版报》2009 年 5 月 11 日。

　　伊静波：《关于我国出版产业集团化的思考》，《出版科学》2012 年第 4 期。

　　韩晓东：《2008 阅读率：未成年人 81.4%　成年人 49.3%》，《中华读书报》2009 年 4 月 29 日。

　　姜樊：《我国民营书店 3 年减万余家　业内称系全球性倒闭》，《北京晨报》2011 年 11 月 14 日。

周蔚华：《也谈中国图书出版业的"滞胀"现象》，《中华读书报》2005年4月19日。

巢峰：《中国图书出版业的滞胀现象是周期性必然性生产过剩危机吗》，《中国编辑》2006年第3期。

柳斌杰：《切实加快新闻出版业发展方式转变》，《中国新闻出版报》2010年3月1日。

杨烨、白田田、赵晶、李佳鹏：《教材发行改革九年鲜见成效》，《经济参考报》2011年1月13日。

赵斌：《在共存与竞争中生存——传统出版产业的未来》，《编辑学刊》2011年第2期。

周山丹：《全媒体出版语境下图书编辑的理念创新与角色转型》，《编辑之友》2011年第6期。

臧克家：《作者与编者之间》，《人民日报》1956年10月11日。

周奇：《编辑主体在审读加工过程中的创造性作用》，《出版科学》2003年第2期。

蔡学俭：《责任编辑是什么》，《出版科学》2000年第4期。

宋秀全：《提高图书质量的主要对策研究》，《中国编辑》2009年第5期。

贾国祥：《抓住编辑工作中心环节》，《中国新闻出版报》2006年8月23日。

王建辉：《编辑这个文化角色——近现代学术文化史读书札记》，《编辑学刊》1994年第5期。

刘蓓蓓：《率先实现专业少儿出版版贸顺差　安少社转企改制后取得历史性突破》，《中国新闻出版报》2011年11月9日。

张健：《作品优秀是前提——〈藏獒〉版权输出回顾》，《出版参考》（业内资讯版）2006年第9S期。

李英洪：《风云飘四海——〈联想风云〉英文版全球上市经验谈》，《出版参考》（业内资讯版）2006年第9S期。

诸葛蔚东：《日本出版走向海外的途径分析》，《中国出版》

2010 年第 5 期。

肖昕：《畅销书网络销售额占 60%　实体书店相继败走麦城》，《南方都市报》2011 年 11 月 11 日。

田雁：《电子书时代日本出版业的自救》，《现代出版》2012 年第 1 期。

严葭淇：《乔布斯传国内混战：40 种版本传记源自一本书》，《华夏时报》2011 年 11 月 5 日。

陈贝贝：《数字时代　渠道商不能被边缘化》，《出版商务周报》2010 年 7 月 30 日。

孙燕飚：《国内电子书：泡沫破了》，《第一财经日报》2011 年 4 月 28 日。

林憬文等：《创新文化之旅：激光照排引发汉字印刷革命》，《新京报》2006 年 7 月 27 日。

刘成勇：《出版业技术革命 30 年》，《出版商务周报》2009 年 10 月 25 日。

南妮：《在咖啡馆阅读》，《新民晚报》2012 年 2 月 24 日。

何映宇：《书店的生存之道》，《新民周刊》2011 年第 46 期。

于文：《图书出版业，终结还是新生？》，《中国出版》2009 年第 8 期。

钟华、杨新美、李芸：《书是灯，给你一个世界——第十七届北京国际图书博览会侧记》，《科学时报》2010 年 9 月 2 日。

孙扬等：《从 2012BIBF 看中国图书海外现状》，《出版商务周报》2012 年 9 月 13 日。

李景端：《翻译出版事业风雨三十年》，《中华读书报》2008 年 6 月 2 日。

林缘：《日本文学在新中国的翻译与传播》，《长城》2010 年第 2 期。

缪立平：《探寻东西文化的新价值》，《出版参考》2007 年 4 月下旬刊。

陈一鸣:《是东亚读书共同体不是东亚文化共同体》,《南方周末》2009 年 12 月 2 日。

杨和义:《日本著作权法律的新变化及其特征》,《海峡法学》2010 年第 1 期。

李半聪:《黑泽明的界限》,《新京报》2010 年 10 月 2 日。

《"阅读日本书系"增进对日了解》,《中山日报》2010 年 8 月 21 日。

包丽敏:《中日不妨"求大同,存大异"》,《中国青年报》2012 年 8 月 27 日。

张楠:《南大推"阅读日本书系"》,《扬子晚报》2010 年 11 月 8 日。

日文报刊

高重治香:「宝島社の書店応援キャンペーンを担う マーケティング本部・桜田圭子さん」,『朝日新聞』2011 年 2 月 27 日。

杉山貴司: 「電子書籍化「自炊」代行業者に書協が、警告へ」,『読売新聞』2011 年 2 月 26 日。

三瓶徹:「動き出す国立国会図書館の「電子書籍配信構想」出版社との住み分けを考慮した議論がスタート」,『IA Japan. Review』,2011 年 8 月。

宮田和美:「新人作家を発掘せよ! ベストセラーはカフェから生まれる!」,『钻石周刊』2008 年 5 月 5 日。

中文网络

《2011 年全国教育事业发展统计公报》,中国教育部网站,http://www.moe.gov.cn/publicfiles/business/htmlfiles/moe/moe_633/201208/141305.html。

维基百科日本:《新風舍》,http://ja.wikipedia.org/wiki/%E6%96%B0%E9%A2%A8%E8%88%8E。

王仲伟：《在"中国图书对外推广计划"2010 外国专家座谈会上的讲话》，国务院新闻办官方网站，http：//www. scio. gov. cn/xwbjs/zygy/wgq/jh/200909/t400740. htm。

笹川日中友好基金会：《介绍现代日本图书翻译出版》，笹川日中友好基金会网站，http：//www. spf. org/sjcff/j/program/2010/301/301 - 01. html。

新闻出版总署：《全国新闻出版业基本情况 2001 ~ 2011 年》，新闻出版总署网站，http：//cips. chinapublish. com. cn/chinapublish/hw/syzx/dlcbygk/。

《翰林电子书厂家——天津津科电子有限公司简介》，电子书网站，http：//www. dianzhishu. com/changjia/20100315 - 287. html。

《2010 ~ 2011 年度中国电子图书发展趋势报告》，读吧网，http：//news. du8. com/viewnews - 88935 - page - 4. html。

《国产电子书难敌苹果 iPad?》，《新闻锋线》，http：//www. dltv. cn/xinwen/2011 - 05/27/cms60766article. shtml。

《2011 全新作家福利计划》，起点中文网网站，http：//www. qdmm. com/MMWeb/zhuanti/2011fuli/index. html。

《2010 年中国数字出版业将迎来拐点》，中国网，http：//www. chinaxwcb. com/2010 - 03/10/content_190499. htm。

《2011 中国电子书产业十大亮点》，新浪读书，http：//book. sina. com. cn/news/v/2011 - 01 - 12/1133282333_2. shtml。

《细看：电子书销量增长迅速，出版业面临巨大挑战》，重庆卫视《财经时间》，http：//v. cqnews. net/first/2010 - 05/15/content_1102665. htm。

新闻出版总署：《新闻出版业"十二五"时期发展规划》，新闻出版总署网站，http：//www. gapp. gov. cn/cms/html/21/508/201104/715451. html。

斯蒂文·玛仕：《电子书未来四年销售额大增 40%　传统出版业下挫》，国际电子商情，http：//www. esmchina. com/ART _8800115692_

1300 _ 2206 _ 0 _ 0 _ b9abe968. HTM？jumpto = view _ welcomead _ 1332117410109。

中国互联网信息中心：《2006 年中国博客调查报告》，互联网信息中心网站，http：//www. cnnic. net. cn/html/Dir/2006/09/25/4176. htm。

乔安娜：《出版业真正的救世主：星巴克?》，百道网，http：//www. bookdao. com/article/7332/。

尼古拉斯·卡尔：《电子书将颠覆传统出版业》，新浪科技，http：//tech. sina. com. cn/i/2011 - 12 - 31/16056591468. shtml。

刘梦琦：《走近"跨文化中介人"——日本文学翻译家竺家荣》，国际在线，http：//gb. cri. cn/27824/2012/08/31/2225s3833273. htm。

泠辰：《2011 年度中国大陆日本文学相关书籍出版情况杂谈》，豆瓣网，http：//www. douban. com/note/196295938/。

金基哲：《韩中日选出 100 本东亚当代古典书与读者共享》，《朝鲜日报》中文版，http：//cn. chosun. com/site/data/html _ dir/2008/03/29/20080329000015. html。

李建雄：《韩国图书在中国的出版现状、特征及展望——以 2004 年~2009 年为中心》，《第十一届中韩出版学术年会讲稿》，http：//www. chuban. cc/rdjj/11zhyth/tpxw/200907/t20090730_51988. html。

渡边英明：《"东亚文化地图"——给我们的一面镜子》，《第十三次东亚出版人会议纪要》，http：//ishare. iask. sina. com. cn/download/explain. php? fileid = 36927953。

日文网络

「2012 年出版物販売額、1 兆 7398 億円に」，新文化 online，http：//www. shinbunka. co. jp/news2013/01/130125 - 01. htm。

碇泰三：「出版社、書店、取次不況の実態…新刊の 7 割が返品、コンビニでも雑誌売れない」，『Business Journal』，http：//biz-journal. jp/2013/01/post_1263. html。

TDB：「2013 度天気、曇りが目立つも改善の兆し」，TEIKOKU

DATABANK，http：//www. tdb. co. jp/report/watching/press/pdf/k130201. pdf#search＝％E5％B8％9D％E5％9B％BD％E3％83％87％E3％83％BC％E3％82％BF％E3％83％90％E3％83％B3％E3％82％AF＋＋％E7％94％A3％E6％A5％AD％E5％A4％A9％E6％B0％97％E3％81％AF´。

三柳英树：「日本電子書籍出版社協会発足、出版31社が参加し規格など検討」，http：//internet. watch. impress. co. jp/docs/news/20100324_356586. html。

日本印刷産業联合会：「電子出版に関するアンケート調査報告書」，2011年2月7日，http：//www. jfpi. or. jp/information/file/22denshi_summary. pdf。

日本著书販促中心：「本の売上構成比率、70％＋8％＋22％とは?」，http：//www. 1book. co. jp/000069. html。

宝岛社：http：//tkj. jp/tkj_brandmook/。

日本著书販促中心：「書店向けFAX DM　効果の一例」，http：//www. 1book. co. jp/000038. html。

日本总务省、文部科学省、经济产业省：「デジタル・ネットワーク社会における出版物の利活用に関する関連資料」，总务省，http：//www. soumu. go. jp/main_content/000060137. pdf。

下川和男：「国立国会図書館に対して電子書籍配信構想に関する日本電子出版協会案を提案」，Bizpal，http：//bizpal. jp/jepa. pr/00009。

讲谈社等：「書籍スキャン事業者への質問書送付のご報告」，讲谈社网站，http：//www. kodansha. co. jp/pdf/questionnaire. pdf。

出版文化产业振兴财团：「現代人の読書実態調査」，出版文化产业振兴财团，http：//www. jpic. or. jp/press/docs/2009JPIC_research_R. pdf#search＝％E5％9B％BD％E6％B0％91％E3％81％AE％E8％AA％AD％E6％9B％B8％E9％87％8F´。

文部科学省国民读书推荐协力者会议：「人の、地域の、日本の

未来を育てる読書環境の実現のために」，文部省，http：//
www. mext. go. jp/b＿menu/houdou/23/09/＿＿icsFiles/afieldfile/2011/
09/02/1310715_1_1. pdf#search＝%E5%9B%BD%E6%B0%91%
E3%81%AE%E8%AA%AD%E6%9B%B8%E9%87%8F。

　广田稔：「これだけは知っておけ! 日本の電子書籍事情」，
ASCII. JP，http：//ascii. jp/elem/000/000/581/581805/。

　系井重里：「編集者という仕事を知ってるかい?」，http：//
www. 1101. com/henshusha/2007－06－27. html。

　菊池夏樹：「作家と編集者」，http：//honya. jp/modules/d3diary/
index. php? page＝detail&bid＝20。

　日本书籍出版协会：「出版契約書雛形（一般用）」，http：//
www. jbpa. or. jp/publication/contract. html。

　日本经济产业省：「通商白皮書」，日本经济产业省，http：//
www. meti. go. jp/report/tsuhaku2012/index. html。

　日本文化厅：「国際文化交流の推進方策について」，日本文化
厅，http：//www. bunka. go. jp/1kokusai/kokusai_kouryuu4. html。

　「文化庁現代日本文学の翻訳・普及事業が廃止される根拠にな
った、日本文学は海外で年平均470冊翻訳出版されているという
数字がただの集計ミスだったことについて」，Asia Mystery League，
http：//www36. atwiki. jp/asianmystery/pages/194. html。

　日本国際交流基金：「助成事業一覧」，http：//www. jpf. go. jp/
j/culture/media/publish/supportlist_p_18. html。

　サントリー文化財団：「助成事業一覧」，http：//www.
suntory. co. jp/sfnd/publication/language/list/10. html。

　川又英紀：「暗算不要でKIOSKを立て直し「立地安住」の意識
を笑顔で改革」，Nikkei Business，http：//business. nikkeibp. co. jp/
article/manage/20090930/205894/? rt＝nocnt。

　「ソニー、凸版印刷、KDDI、朝日新聞社が電子書籍配信の
企画会社を設立」，Sakura　Financial　News，http：//

www. sakurafinancialnews. com/news/6758/20100527_11。

「日本人の1人あたり電子書籍購入額はアメリカ人の3.8倍」，twitter，http：//www. shiratani. net/2011/02/17/％E6％97％A5％E6％9C％AC％E4％BA％BA％E3％81％AE1％E4％BA％BA％E3％81％82％E3％81％9F％E3％82％8A％E9％9B％BB％E5％AD％90％E6％9B％B8％E7％B1％8D％E8％B3％BC％E5％85％A5％E9％A1％8D％E3％81％AF％E3％82％A2％E3％83％A1％E3％83％AA％E3％82％AB％E4％BA％BA％E3％81％AE3/。

「"自炊"で本を電子化とは?」，カンブリア宮殿，http：//alwaystaro. seesaa. net/article/172669581. html。

「日本電子書籍出版社協会発足、出版31社が参加し規格など検討」，Inter Net Watch，http：//internet. watch. impress. co. jp/docs/news/20100324_356586. html。

「国内の電子書籍端末が2015年までに累計1400万台、野村総研が予測?」，Inter Net Watch，http：//internet. watch. impress. co. jp/docs/news/20101220_416008. html。

「〔Interview〕Sony Speaks on E-book Reader Business」，Techon，http：//techon. nikkeibp. co. jp/english/NEWS_EN/20100128/179731/。

「これだけは知っておけ! 日本の電子書籍事情」，ASCII. JP，http：//ascii. jp/elem/000/000/581/581805/。

岸博辛：「電子書籍が日本文化を破壊する日」，PHP Biz，http：//shuchi. php. co. jp/article/829。

紀伊國屋書店：「紀伊國屋書店　iPhone・iPad向け電子書籍サービス開始」，http：//www. kinokuniya. co. jp/company/pressrelease/20110520150318. html。

岡田有花：「変化を自分で作りたい村上龍氏が出版社と組まずに電子書籍を出す理由」，ITMedia News，http：//www. itmedia. co. jp/news/articles/1011/04/news100. html。

TDB：「2010年出版・印刷業界倒産動向調査」，TEIKOKU

DATABANK，http：//www. tdb. co. jp/report/watching/press/pdf/p110103. pdf。

日本国立国会図書館：「関係法規——国立国会図書館法」，国会図書館，http：//www. ndl. go. jp/jp/aboutus/data/a1102. pdf。

言論 NPO：「第 8 回日中共同世論調査の結果公表」，http：//www. genron-npo. net/pdf/forum2012. pdf。

人名索引

附　　录

附录1

1949~2011 年中国图书出版统计

年份	出版社 （家）	出版品种 （合计）	出版品种 （新出）	总印数 （亿册）	总印张 （亿印张）	总定价 （亿元）
1949		8000		1. 05		
1950	211	12153	7049	2. 75	3. 91	
1951	385	18300	13725	7. 03	12. 63	
1952	426	13692	7940	7. 86	17. 01	
1953	352	17819	9925	7. 54	21. 40	
1954	167	17760	10685	9. 39	25. 23	
1955	96	21071	13187	10. 79	28. 06	
1956	97	28773	18804	17. 84	43. 56	
1957	103	27571	18660	12. 75	35. 00	
1958	95	45495	33170	23. 89	51. 08	
1959	96	41905	29047	20. 92	54. 47	
1960	79	30797	19670	18. 01	48. 69	
1961	80	13529	8310	10. 16	29. 24	
1962	79	16548	8305	10. 85	30. 73	
1963	78	17266	9210	12. 93	37. 18	
1964	84	18005	9338	17. 07	45. 63	
1965	87	20143	12352	21. 71	56. 16	
1966	87	11055	6790	34. 96	66. 00	

年份	出版社 （家）	出版品种 （合计）	出版品种 （新出）	总印数 （亿册）	总印张 （亿印张）	总定价 （亿元）
1967		2925	2231	32.32	70.48	
1968		3694	2677	25.01	39.98	
1969		3964	3093	19.16	39.44	
1970		4889	3870	17.86	37.00	
1971	46	7771	6473	24.21	62.05	
1972	51	8829	7395	23.89	72.81	
1973	65	10372	8107	28.01	84.18	
1974	67	11812	8738	29.89	88.26	
1975	75	13716	10633	35.76	101.77	
1976	75	12842	9727	29.14	89.97	
1977	82	12886	10179	33.08	117.70	
1978	105	14987	11888	37.74	135.43	
1979	129	17212	14007	40.72	172.50	
1980	169	21621	17660	45.93	195.74	
1981	191	25601	19854	55.78	217.68	
1982	214	31784	23445	58.79	221.95	
1983	260	35700	25826	58.04	232.41	
1984	295	40072	28794	62.48	260.61	
1985	371	45603	33743	66.73	282.75	
1986	395	51789	39426	52.03	220.31	
1987	415	60213	42854	62.52	261.25	
1988	448	65962	46774	62.25	269.03	62.22
1989	462	74973	55475	58.64	243.62	74.44
1990	462	80224	55254	56.36	232.05	76.64
1991	465	89615	58467	61.39	266.11	95.54
1992	480	92148	58169	63.38	280.38	110.75
1993	505	96761	66313	59.34	282.26	136.74
1994	514	103836	69779	60.08	297.16	177.66
1995	527	101381	59159	63.22	316.78	243.66
1996	528	112813	63647	71.58	360.45	346.13
1997	528	120106	66585	73.05	364.00	372.56
1998	530	130613	74719	72.39	373.62	397.97
1999	529	141831	83095	73.2	391.35	436.33

续表

年份	出版社（家）	出版品种（合计）	出版品种（新出）	总印数（亿册）	总印张（亿印张）	总定价（亿元）
2000	565	143376	84235	62.74	376.2	430.10
2001	562	154526	91416	63.10	406.08	466.82
2002	568	170962	100693	68.70	456.45	535.12
2003	570	190391	110812	66.70	462.22	561.82
2004	573	208294	121597	64.13	465.59	592.89
2005	573	222473	128578	64.66	493.29	632.28
2006	573	233971	130264	64.08	511.96	649.13
2007	579	248283	136226	62.93	486.51	676.72
2008	579	275668	149988	69.36	560.73	791.43
2009	580	301719	168296	70.37	565.50	848.04
2010	581	328387	189295	71.71	606.33	936.01
2011	580	369523	207506	77.05	634.51	1063.06

资料来源：本表根据新闻出版总署有关资料制作。

附录2

1945～2011年日本图书出版统计

年份	新出图书（种）	平均定价（日元）	总发行册数（万册）	推定销售册数（万册）	推定销售金额（亿日元）
1945	658			3970	
1946	3470				
1947	4499			5356	17
1948	26063				
1949	20523				
1950	13009	203			
1951	15536	232			
1952	17306	226	14298	11295	255
1953	10100	341	15000	12000	412
1954	11004	317	13800	10046	238
1955	13042	309	14000	10038	250
1956	14983	321	14800	9886	268
1957	14026	334	14300	9438	278

年份	新出图书 （种）	平均定价 （日元）	总发行册数 （万册）	推定销售册数 （万册）	推定销售金额 （亿日元）
1958	14258	382	15050	9783	302
1959	13634	412	16350	10595	339
1960	13122	441	19300	12564	409
1961	12268	516	20610	13376	514
1962	12293	652	23145	15137	645
1963	12982	670	26625	17226	755
1964	13447	830	30890	19831	947
1965	14238	821	34596	22003	1098
1966	14988	886	39440	25004	1370
1967	16119	883	43778	27668	1594
1968	16722	1001	46400	29278	1761
1969	17833	1077	48800	30744	1960
1970	18754	1275	51380	32397	2201
1971	20158	1436	52000	33800	2330
1972	20670	1498	56680	37976	2670
1973	20446	1714	63481	44436	3312
1974	20940	2293	66655	47325	4293
1975	22727	2394	73320	51324	4912
1976	23464	2300	85784	57475	5336
1977	25148	2348	96078	63411	5769
1978	26906	2386	103764	67446	6259
1979	27177	2483	104802	70217	6643
1980	27891	2635	105850	69861	6874
1981	29362	2754	109025	70212	6909
1982	30034	2712	113386	73701	7031
1983	31297	2740	120189	75719	7080
1984	32357	2751	127400	77714	6979
1985	31221	2833	129948	78618	7123
1986	37016	2521	130467	80237	7157
1987	37010	2449	129815	84379	7636
1988	38297	2496	133969	86946	7843
1989	39698	2609	136648	89641	7969
1990	40576	2764	139381	92131	8474

续表

年份	新出图书（种）	平均定价（日元）	总发行册数（万册）	推定销售册数（万册）	推定销售金额（亿日元）
1991	42345	2911	140078	93572	9264
1992	45595	3099	140358	93198	9581
1993	48053	3050	140498	93291	9917
1994	53890	3020	144853	96182	10340
1995	58310	2977	149778	96756	10498
1996	60462	2941	154421	99602	10996
1997	62336	2992	157354	96615	11062
1998	63023	2905	151532	90919	10610
1999	62621	2916	147441	88612	10421
2000	65065	2963	141986	77364	9706
2001	71073	2715	138578	74874	9456
2002	74259	2673	137331	73909	9490
2003	75530	2586	133486	71585	9056
2004	77031	2582	137891	74915	9429
2005	78304	2514	140649	73944	9197
2006	77722		128324	75519	9326
2007	77417		131805	75542	9026
2008	76322		131756	75126	8878
2009	78555		127386	71781	8492
2010	74714		121390	70223	8213
2011	75810		117600	70013	8199

资料来源：本表根据日本《2012年版出版指标年报》（全国出版协会、出版科学研究所）及《出版年鉴》（出版新闻社）有关资料编制。

附录3

"东亚人文100"所选图书目录

书名	作者	初版年份
中国大陆（26种）		
诗论	朱光潜	1942
中国建筑史	梁思成	1945
中国法律与中国社会	瞿同祖	1947
中国哲学简史	冯友兰	1948

续表

书名	作者	初版年份
中国文化要义	梁漱溟	1949
原儒	熊十力	1956
汉语史稿	王力	1956
魏晋玄学论稿	汤用彤	1957
中国史纲要	翦伯赞主编	1979
美的历程	李泽厚	1981
佛教与中国传统文化	苏渊雷	1988
简明中国历史地图集	谭其骧	1991
近代中国社会的新陈代谢	陈旭麓	1992
走出疑古时代	李学勤	1997
村落视野中的文化与权力:闽台三村五论	王铭铭	1997
明清之际士大夫研究	赵园	1999
寒柳堂集	陈寅恪	2001
谈艺录	钱钟书	1984
乡土中国	费孝通	1947
现代中国思想的兴起	汪晖	2004
礼仪中的美术	巫鸿	2005
兵以诈立:我读《孙子》	李零	2006
从鸦片战争到五四运动	胡绳	1981
中国文学史新著	章培恒、骆玉明	2007
中国政治经济史论(1949～1976)	胡鞍钢	2008
东亚儒学九论	陈来	2009
中国台湾(15 种)		
政道与治道	牟宗三	1961
中国交化的展望	殷海光	1966
中国艺术精神	徐复观	1966
日据下台湾政治社会运动史	叶荣钟	1971
中国人的性格:科际综合性的讨论	李亦园、杨国枢	1972
说中华民族之花果飘零	唐君毅	1974
历史与思想	余英时	1976
中国哲学之精神及其发展	方东美	1981
中国青铜时代	张光直	1983
思想与人物	林毓生	1983
万历十五年	黄仁宇	1985

续表

书名	作者	初版年份
幽暗意识与民主传统	张灏	1989
现代精神与儒家传统	杜维明	1996
台湾历史图说	周婉窈	1997
跨世纪风华：当代小说20家	王德威	2002
中国香港(7种)		
中国历代政治得失	钱穆	1952
自由与人权	张佛泉	1955
香港与中西文化之交流	罗香林	1961
黄土与中国农业的起源	何炳棣	1969
中国现代小说史	夏志清	1979
中国古代服饰研究	沈从文	1981
中国文明起源新探	苏秉琦	1997
日本(26种)		
南北朝的动乱	佐藤进一	1965
讲义录(第六册、第七册)	丸山真男	1966、1967
共同幻想论	吉本隆明	1968
苦海净土	石牟礼道子	1969
日本的古代国家	石母田正	1971
都市政策之思考	松下圭一	1971
世界的共同主观性存在结构	广松涉	1972
汽车的社会性费用	宇泽弘文	1974
文化与两义性	山口昌男	1975
影的现象学	河合隼雄	1976
狩猎和游牧的世界	梅棹忠夫	1976
无缘·公界·乐	网野善彦	1978
古典的影子	西乡信纲	1980
万叶集拨书	佐竹昭广	1980
战时日本精神史	鹤见俊辅	1982
精神史考察	藤田省三	1982
都市空间中的文学	前田爱	1982
分裂症与人类	中井久夫	1982
意识和本质——追求精神层面的东洋	井筒俊彦	1983
字统	白川静	1984
全体观视野与史学家们	二宫宏之	1986

书名	作者	初版年份
天皇的肖像	多木浩二	1988
自然的慈悲	伊谷纯一郎	1990
在天皇逝去的国度	Norma Field	1994
细微事物的诸形态——精神史备忘录	市村弘正	1994
精神史	林达夫	2000
韩国(26 种)		
白凡逸志	金九	1947
具有意义的韩国历史	咸锡宪	1965
韩国医学历史	金斗钟	1966
韩国科学史	全相运	1976
韩国音乐史	张师勋	1976
韩国近代文艺批评史研究	金允植	1976
韩国数学史	金容云、金容局	1977
知讷的禅思想	吉熙星	1984
韩国儒学思想论	尹丝淳	1986
韩国社会史研究	李泰镇	1986
加利利的耶稣:耶稣的民众运动	安炳茂	1990
韩国战争的爆发及起源	朴明林	1996
韩国的劳动运动与国家	崔章集	1997
风流徒与韩国的宗教思想	柳东植	1997
动摇的分断体制	白乐晴	1998
韩国史新论	李基白	1999
解读老画的乐趣	吴柱锡	1999
与时间竞争:东亚近现代史论	闵斗基	2000
战争与社会	金东桩	2000
韩国文学史的逻辑与体系	林荧泽	2002
韩国美术历史	金元龙、安辉濬	2003
运化与近代	朴熙秉	2003
韩国人的神话	金烈圭	2005
韩国文学通史(全 6 卷)	赵东一	2005
肉眼与精神:韩国现代美术理论	金福荣	2006
风景与心	金禹昌	2006

附录 4

2009～2013 年当当网畅销书排行榜

排名	书　名	作　者	出　版　社	出版时间
2009 年				
1	不生病的智慧	马悦凌	江苏文艺出版社	2007 年 8 月
2	好妈妈胜过好老师	尹建莉	作家出版社	2009 年 1 月
3	不抱怨的世界	〔美〕威尔·鲍温	陕西师范大学出版社	2009 年 4 月
4	不一样的卡梅拉（全 6 册）	〔法〕克利斯提昂·约里波瓦、克利斯提昂·艾利	二十一世纪出版社	2006 年 10 月
5	秘密	〔澳〕拜恩	中国城市出版社	2008 年 11 月
6	杜拉拉升职记	李可	陕西师范大学出版社	2007 年 9 月
7	明朝那些事儿（第七部:大结局）	当年明月	中国海关出版社	2009 年 3 月
8	父母是孩子最好的医生	马悦凌	江苏文艺出版社	2008 年 4 月
9	张爱玲全集:小团圆	张爱玲	北京十月文艺出版社	2009 年 4 月
10	求医不如求己	中里巴人	中国中医药出版社	2007 年 2 月
2010 年				
1	好妈妈胜过好老师	尹建莉	作家出版社	2009 年 1 月
2	不一样的卡梅拉（全 6 册）	〔法〕克利斯提昂·约里波瓦、克利斯提昂·艾利	二十一世纪出版社	2006 年 10 月
3	秘密	〔澳〕拜恩	中国城市出版社	2008 年 11 月
4	不抱怨的世界	〔美〕威尔·鲍温	陕西师范大学出版社	2009 年 4 月
5	独唱团第一辑	韩寒	书海出版社	2010 年 7 月
6	不生病的智慧	马悦凌	江苏文艺出版社	2007 年 8 月
7	1Q84 BOOK 1	〔日〕村上春树	南海出版社	2010 年 5 月
8	1988——我想和这个世界谈谈	韩寒	国际文化出版公司	2010 年 9 月
9	舍得	星云大师	江苏文艺出版社	2009 年 12 月
10	如何说孩子才会听怎么听孩子才肯说	〔美〕阿黛尔·法伯、伊莱恩玛·兹丽施	中央编译出版社	2007 年 10 月

排名	书　名	作　者	出　版　社	出版时间
2011 年				
1	不一样的卡梅拉（全6册）	〔法〕克利斯提昂·约里波瓦、克利斯提昂·艾利	二十一世纪出版社	2006 年 10 月
2	好妈妈胜过好老师	尹建莉	作家出版社	2009 年 1 月
3	史蒂夫·乔布斯传	〔美〕沃尔特·艾萨克森	中信出版社	2011 年 10 月
4	党的十七届六中全会《决定》学习辅导百问	《党的十七届六中全会〈决定〉学习辅导百问》编写组	党建读物出版社	2011 年 10 月
5	百年孤独	〔哥伦比亚〕马尔克斯	南海出版社	2011 年 6 月
6	秘密	〔澳〕拜恩	中国城市出版社	2008 年 11 月
7	窗边的小豆豆	〔日〕黑柳彻子	南海出版社	2010 年 12 月
8	气场——改变全球1600 万人命运的强大蝴蝶效应	〔美〕菲尔	重庆出版社	2010 年 11 月
9	学会爱自己	〔美〕克雷文著/柏斯玛绘	青岛出版社	2011 年 1 月
10	世界如此险恶，你要内心强大	石勇	印刷工业出版社	2011 年 7 月
2012 年				
1	The Power 力量	〔澳〕朗达·拜恩	湖南文艺出版社	2011 年 6 月
2	百年孤独	〔哥伦比亚〕马尔克斯	南海出版社	2011 年 6 月
3	好妈妈胜过好老师	尹建莉	作家出版社	2009 年 1 月
4	时寒冰说：经济大棋局，我们怎么办	时寒冰	上海财经大学出版社	2011 年 5 月
5	不一样的卡梅拉（全6册）	〔法〕克利斯提昂·约里波瓦、克利斯提昂·艾利	二十一世纪出版社	2006 年 10 月
6	一问一世界	杨澜、朱冰	江苏人民出版社	2011 年 4 月
7	大家都有病	朱德庸	现代出版社	2011 年 5 月
8	很老很老的老偏方，小病一扫光	朱晓平	凤凰出版社	2011 年 5 月
9	龙族2：悼亡者之瞳	江南著/颜开绘	长江出版社	2011 年 6 月
10	看懂世界格局的第一本书	王伟	南方出版社	2011 年 3 月

续表

排名	书 名	作 者	出 版 社	出版时间
2013 年 1~6 月				
1	正能量	〔英〕理查德·怀斯曼	湖南文艺出版社	2012 年 8 月
2	你若安好便是晴天——林徽因传	白落梅	中国华侨出版社	2011 年 9 月
3	好妈妈胜过好老师	尹建莉	作家出版社	2009 年 1 月
4	遇见未知的自己:都市身心灵修行课	张德芬	湖南文艺出版社	2012 年 10 月
5	丰乳肥臀	莫言	工人出版社	2003 年 9 月
6	霍乱时期的爱情	〔哥伦比亚〕加西亚·马尔克斯	南海出版公司	2012 年 9 月
7	生死疲劳	莫言	作家出版社	2006 年 1 月
8	蔡康永爱情短信——未知的恋人	蔡康永	湖南文艺出版社	2012 年 11 月
9	牛奶,好东西	〔日〕寄藤文平	北方文艺出版社	2012 年 9 月
10	沃顿商学院最受欢迎的谈判课	〔美〕戴蒙德	中信出版社	2012 年 8 月

资料来源:本表根据当当网有关资料编排。

附录 5

新星出版社"午夜文库"已翻译出版的日本推理小说书目

书 名	作 者	出 版 时 间	
占星术杀人魔法	岛田庄司	2008 年 9 月	2012 年 5 月
斜屋犯罪	岛田庄司	2008 年 9 月	2012 年 6 月
脑髓地狱	梦野久作	2009 年 1 月	
黑死馆杀人事件	小栗虫太郎	2009 年 1 月	
银座幽灵	大阪圭吉	2009 年 2 月	
御手洗洁的问候	岛田庄司	2009 年 3 月	2013 年 1 月
异邦骑士	岛田庄司	2009 年 4 月	2012 年 8 月
寝台特急 1/60 秒障碍	岛田庄司	2009 年 4 月	2012 年 8 月
向日葵不开的夏天	道尾秀介	2009 年 4 月	

续表

书　　名	作　者	出　版　时　间	
出云传说7/8杀人事件	岛田庄司	2009年5月	2012年10月
北方夕鹤2/3杀人事件	岛田庄司	2009年6月	2013年1月
消失的"水晶特快"	岛田庄司	2009年6月	
黑暗坡食人树	岛田庄司	2009年7月	2013年4月
死亡概率2/2	岛田庄司	2009年7月	
Y之构造	岛田庄司	2009年8月	
展望塔上的杀人	岛田庄司	2009年9月	
乱鸦之岛	有栖川有栖	2009年10月	
剪刀男	殊能将之	2009年10月	
盘上之敌	北村薰	2009年11月	
灰之迷宫	岛田庄司	2009年11月	
眩晕	岛田庄司	2010年1月	2013年7月
杀戮之病	我孙子武丸	2010年1月	
沙漠	伊坂幸太郎	2010年3月	
解体诸因	西泽保彦	2010年4月	2012年5月
卡迪斯红星	逢坂刚	2010年4月	
灵魂离体杀人事件	岛田庄司	2010年4月	
水晶金字塔	岛田庄司	2010年5月	2013年7月
地狱奇术师	二阶堂黎人	2010年5月	
深夜鸣响的一千只铃	岛田庄司	2010年6月	
字谜杀人事件	岛田庄司	2010年6月	
所罗门之犬	道尾秀介	2010年7月	
恶魔迷宫	二阶堂黎人	2010年8月	
奇想,天动	岛田庄司	2010年8月	2013年4月
一朵桔梗花	连城三纪彦	2010年10月	
羽衣传说的记忆	岛田庄司	2010年10月	
神的逻辑,人的魔法	西泽保彦	2010年10月	
飞鸟的玻璃鞋	岛田庄司	2011年1月	
匣中失乐	竹本健治	2011年1月	
双面兽事件	二阶堂黎人	2011年1月	
魔术王事件	二阶堂黎人	2011年3月	
乌鸦的拇指	道尾秀介	2011年3月	
御手洗洁的旋律	岛田庄司	2011年3月	
火刑都市	岛田庄司	2011年4月	
布谷鸟的蛋是谁的	东野圭吾	2011年5月	
两分铜币	江户川乱步	2011年5月	

续表

书 名	作 者	出 版 时 间
D坂杀人事件	江户川乱步	2011年5月
螺丝人	岛田庄司	2011年5月
鸦	麻耶雄嵩	2011年5月
异位	岛田庄司	2011年6月　　2012年11月
人间椅子	江户川乱步	2011年7月
阴兽	江户川乱步	2011年7月
百舌呐喊的夜晚	逢坂刚	2011年7月
曙光之街	今野敏	2011年7月
寻狗事务所	米泽穗信	2011年8月
敬告犯人	雫井脩介	2011年8月
月光游戏	有栖川有栖	2011年8月
光之鹤	岛田庄司	2011年9月
死了七次的男人	西泽保彦	2011年9月
倒错的死角	折原一	2011年10月
朋克刑警的冒犯	山口雅也	2011年11月
搜索杀人来电	岛田庄司	2011年11月
孤岛之鬼	江户川乱步	2011年12月
幻之翼	逢坂刚	2012年1月
光媒之花	道尾秀介	2012年1月
御手洗洁的舞蹈	岛田庄司	2012年1月
白夜之城	今野敏	2012年1月
倒错的轮舞	折原一	2012年1月
急电:北方四岛的呼叫	佐佐木让	2012年1月
只有猫知道	仁木悦子	2012年2月
泪流不止	岛田庄司	2012年2月
孤岛之谜	有栖川有栖	2012年2月
献给虚无的供物	中井英夫	2012年3月
帕诺拉马岛奇谈	江户川乱步	2012年3月
朋克刑警的狂想	山口雅也	2012年3月
蜘蛛男	江户川乱步	2012年3月
恐怖的人狼城1:银狼古堡的异变	二阶堂黎人	2012年3月
恐怖的人狼城2:青狼古堡的幻影	二阶堂黎人	2012年4月
六月六日诞生的天使	爱川晶	2012年4月
鼠男	道尾秀介	2012年4月

书 名	作 者	出 版 时 间
紫丁香庄园	鲇川哲也	2012 年 4 月
倒错的归结	折原一	2012 年 5 月
推理要在放学后	东川笃哉	2012 年 5 月
幸福之书	泡坂妻夫	2012 年 5 月
刺青杀人事件	高木彬光	2012 年 6 月
恐怖的人狼城 3：人狼的魅惑	二阶堂黎人	2012 年 6 月
夏与冬的奏鸣曲	麻耶雄嵩	2012 年 6 月
迪斯科侦探星期三	舞城王太郎	2012 年 6 月
白光	连城三纪彦	2012 年 6 月
月之恋人	道尾秀介	2012 年 7 月
魔术师	江户川乱步	2012 年 7 月
怪盗二十面相	江户川乱步	2012 年 7 月
冻土密约	今野敏	2012 年 7 月
朋克刑警的骄傲	山口雅也	2012 年 7 月
脑男	首藤瓜於	2012 年 7 月
恐怖的人狼城 4：嗜血者的挽歌	二阶堂黎人	2012 年 8 月
双头恶魔	有栖川有栖	2012 年 8 月
黑色皮箱	鲇川哲也	2012 年 8 月
请勿在此丢弃尸体	东川笃哉	2012 年 8 月
夜想	贯井德郎	2012 年 8 月
魔神的游戏	岛田庄司	2012 年 9 月
萤	麻耶雄嵩	2012 年 9 月
人格转移杀人事件	西泽保彦	2012 年 9 月
王妃的遇难船	有栖川有栖	2012 年 9 月
蜜	连城三纪彦	2012 年 9 月
欺诈师与空气男	江户川乱步	2012 年 10 月
少年侦探团	江户川乱步	2012 年 10 月
倒错的物体	折原一	2012 年 10 月
天使的伤痕	西村京太郎	2012 年 10 月
春，夏，然后是冬	歌野晶午	2012 年 10 月
松本清张杰作选 1：大手笔	松本清张	2012 年 11 月
清晨，如故	今邑彩	2012 年 11 月
喜鹊的四季	道尾秀介	2012 年 11 月
松本清张杰作选 2：坏女人	松本清张	2013 年 1 月

续表

书 名	作 者	出 版 时 间
代号 D 机关 1:JOKER GAME	柳广司	2013 年 1 月
代号 D 机关 2:DOUBLE JOKER	柳广司	2013 年 1 月
起飞:柏林的指令	佐佐木让	2013 年 1 月
完美无缺的名侦探	西泽保彦	2013 年 1 月
透明人的小屋	岛田庄司	2013 年 2 月
蛙镜男怪谈	岛田庄司	2013 年 2 月
东野圭吾的最后致意	东野圭吾	2013 年 2 月
松本清张杰作选 3:革命者	松本清张	2013 年 3 月
憎恶的化石	鲇川哲也	2013 年 3 月
黑蜥蜴	江户川乱步	2013 年 4 月
假想者的仪式	篠田节子	2013 年 4 月
加大拉的神迹	中岛罗门	2013 年 4 月
沉默的教室	折原一	2013 年 5 月
幻影城主	江户川乱步	2013 年 6 月
无可救药的青春	栗本薰	2013 年 6 月
虚言少年	京极夏彦	2013 年 6 月
十角馆事件	绫辻行人	2013 年 6 月
夏天,十九岁的肖像	岛田庄司	2013 年 6 月
贵族侦探	麻耶雄嵩	2013 年 6 月
雾之旗	松本清张	2013 年 6 月
女王国之城	有栖川有栖	2013 年 6 月
啤酒之家的冒险	西泽保彦	2013 年 6 月
天国的子弹	岛田庄司	2013 年 6 月
杀意	东川笃哉	2013 年 6 月
水车馆事件	绫辻行人	2013 年 7 月
密使:来自斯德哥尔摩	佐佐木让	2013 年 7 月
能面杀人事件	高木彬光	2013 年 7 月
鬼	今邑彩	2013 年 7 月
七口棺材	折原一	2013 年 7 月
诅咒之家	高木彬光	2013 年 8 月
核与蟹	长井彬	2013 年 8 月
迷宫馆事件	绫辻行人	2013 年 8 月
异人们的馆	折原一	2013 年 8 月
以"我"为名的变奏曲	连城三纪彦	2013 年 9 月
再见,天使	笠井洁	2013 年 9 月

续表

书　　名	作者	出版时间
写乐·闭锁之国的幻影	岛田庄司	2013 年 9 月
犬坊里美的冒险	岛田庄司	2013 年 10 月
人偶馆事件	绫辻行人	2013 年 10 月
侦探一上来就死了	苍井上鹰	2013 年 10 月
不夜城	驰星周	2013 年 10 月
不爱学习的校园侦探	东川笃哉	2013 年 11 月

附录 6

2000 ~ 2011 年日本图书排行榜

排名	书　名	作　者	出　版　社	出版时间
2000 年				
1	《所以，你也要活下去》 （だから、あなたも生きぬいて）	大平光代	讲谈社（講談社）	2000 年 2 月
2	《为什么男人不听，女人不看地图》 （話を聞かない男、地図が読めない女）	艾伦·皮斯 & 芭芭拉·皮斯（アラン·ピーズ、バーバラ·ピーズ）	主妇之友社发行，角川书店经销（主婦の友社·発行 角川書店·発売）	2000 年 4 月
3	《哈利·波特与魔法石》 （ハリー·ポッターと賢者の石） 《哈利·波特与密室》 （ハリー·ポッターと秘密の部屋）	J. K. 罗琳（J. K. ローリング）	静山社	1999 年 12 月
4	《这些你都能用英语说吗》 （これを英語で言えますか?）	讲谈社国际部编（講談社インターナショナル編）	讲谈社（講談社）	1999 年 10 月
5	《丢弃的技术》（「捨てる!」技術）	辰巳渚	宝岛社（宝島社）	2000 年 4 月
6	《新人间革命》第 7 ~ 8 卷 （新·人間革命 7·8）	池田大作	圣教新闻社（聖教新聞社）	2000 年 2 月
7	《太阳之法》（太陽の法）	大川隆法	幸福的科学出版（幸福の科学出版）	1997 年 7 月

排名	书 名	作 者	出 版 社	出版时间
8	《让孩子在生活中学习》 （子どもが育つ魔法の言葉）	多罗茜.罗乐德等 （D. L. ノルトほか）	PHP 研究所	1999 年 9 月
9	《经济新闻趣读——日本经济篇》 （経済のニュースが面白いほどわかる本 日本経済編）	细野真宏（细野真宏）	中经出版（中経出版）	1999 年 11 月
10	《人生的目的》 （人生の目的）	五木宽之（五木寛之）	幻冬社（幻冬舍）	1999 年 11 月
2001 年				
1	《谁动了我的奶酪?》 （チーズはどこへ消えた?）	斯宾塞·约翰逊 （スペンサー・ジョンソン）	扶桑社	2000 年 11 月
2	《哈利·波特与魔法石》 （ハリーポッターと賢者の石） 《哈利·波特与密室》 （ハリーポッターと秘密の部屋） 《哈利·波特与阿兹卡班的囚徒》 （ハリーポッターとアズカバンの囚人）	J. K. 罗琳（J. K. ローリング）	静山社	1999 年 12 月~2001 年 7 月
3	《奇迹之法》 （奇跡の法）	大川隆法	幸福的科学出版（幸福の科学出版）	2001 年 1 月
4	《富爸爸穷爸爸》 （金持ち父さん貧乏父さん）	罗伯特·清崎 （ロバート・キヨサキ シャロン・レクター）	筑摩书房（筑摩書房）	2000 年 11 月
5	《新人间革命》第 9~10 卷 （新・人間革命 9・10）	池田大作	圣教新闻社（聖教新聞社）	2001 年 2 月
6	《为什么男人不听,女人不看地图》 （話を聞かない男、地図が読めない女）	艾伦·皮斯 & 芭芭拉·皮斯（アラン・ピーズ）	主妇之友社发行,角川书店经销（主婦の友社・発行 角川书店・発売）	2000 年 4 月
7	《第十二个天使》 （十二番目の天使）	奥格·曼迪诺（オグ・マンディーノ）	求龙堂（求龍堂）	2001 年 4 月

排名	书　名	作　者	出　版　社	出版时间
8	《柏拉图性爱》 (プラトニック・セックス	饭岛爱（飯島愛）	小学馆（小学館）	2000 年 10 月
9	《会工作的人，不会工作的人》 (仕事ができる人 できない人)	堀场雅夫（堀場雅夫）	三笠书房（三笠書房）	2000 年 9 月
10	《大逃杀》 (バトル・ロワイアル)	高见广春（高見広春）	太田出版	1999 年 4 月
2002 年				
1	《哈利·波特与魔法石》 (ハリーポッターと賢者の石) 《哈利·波特与密室》 (ハリーポッターと秘密の部屋) 《哈利·波特与阿兹卡班的囚徒》 (ハリーポッターとアズカバンの囚人) 《哈利·波特与火焰杯》 (ハリーポッターと炎のゴブレット 上・下)	J. K. 罗琳（J. K. ローリング）	静山社	1999 年 12 月~2002 年 10 月
2	《大肥猫世界最简单的英语书》 (ビック・ファット・キャットの世界一簡単な英語の本)	向山淳子 等（向山淳子ほか）	幻冬社（幻冬舎）	2001 年 12 月
3	《人生应该这样度过》 (生きかた上手)	日野原重明	U - REAG（ユーリーグ）	2001 年 12 月
4	《希望大声朗读的日语》 (声に出して読みたい日本語)	斎藤孝（齋藤孝）	草思社	2001 年 9 月
5	《如果世界是 100 人的村庄》 (世界がもし100 人の村だったら)	池田香代子 等（池田香代子ほか）	MAGAZINE HOUSE（マガジンハウス）	2001 年 12 月
6	《青版〈流利〉》 〔ベラベラブックvol.1（青版）〕	国川恭子	PIA（ぴあ）	2002 年 4 月
7	《新·人间革命》第 11 卷 (新·人間革命 11)	池田大作	圣教新闻社（聖教新聞社）	2002 年 10 月
8	《常用之法》 (常勝の法)	大川隆法	幸福的科学出版（幸福の科学出版）	2002 年 1 月
9	《老来才是人生》 (老いてこそ人生)	石原慎太郎	幻冬社（幻冬舎）	2002 年 6 月

续表

排名	书　　名	作　者	出　版　社	出版时间
10	《作为常识而应该知道的日语》 （常識として知っておきたい日本語）	柴田武	幻冬社（幻冬舍）	2002 年 3 月
2003 年				
1	《傻瓜的围墙》 （バカの壁）	养老孟司（養老孟司）	新潮社	2003 年 4 月
2	《在世界的中心呼唤爱》 （世界の中心で、愛をさけぶ）	片山恭一	小学馆（小学館）	2003 年 11 月
3	《无聊知识之泉》（第 1~4 卷） （トリビアの泉 へぇの本 1~4）	富士电视台知识普及委员会编（フジテレビトリビア普及委員会編）	讲谈社（講談社）	2003 年 1 月
4	《流利 2》 （ベラベラブック –2）	SmaSATION – 2	MAGAZINE HOUSE（マガジンハウス）	2002 年 10 月
5	《开放区》 （開放区）	木村拓哉	集英社	2003 年 4 月
6	《新女性抄》 （新・女性抄）	池田大作	潮出版社	2003 年 4 月
7	《大悟之法》 （大悟の法）	大川隆法	幸福的科学出版（幸福の科学出版）	2003 年 1 月
8	《漫画金正日入门》 （マンガ金正日入門）	李友情、李英和	飞鸟新社（飛鳥新社）	2003 年 7 月
9	《减肥 SHINGO》 （ダイエット SHINGO）	香取慎吾	MAGAZINE HOUSE（マガジンハウス）	2003 年 9 月
10	《为什么男人爱说谎，女人爱哭》 （嘘つき男と泣き虫女）	艾伦・皮斯 & 芭芭拉・皮斯（アラン・ピーズ、バーバラ・ピーズ）	主妇之友社（主婦の友社）	2003 年 1 月
2004 年				
1	《哈利・波特和不死鸟的骑士团》上、下卷 （ハリーポッターと不死鳥の騎士団 上・下）	J. K. 罗琳（J. K. ローリング）	静山社	2004 年 9 月

排名	书　　名	作　　者	出　版　社	出版时间
2	《在世界的中心呼唤爱》 (世界の中心で、愛をさけぶ)	片山恭一	小学馆（小学馆）	2003 年 11 月
3	《傻瓜的围墙》 (バカの壁)	养老孟司（養老孟司）	新潮社	2003 年 4 月
4	《让幸运来敲门》 (グッドラック)	亚历克斯·罗维拉·费尔南多 (A. ロビラ フェルナンド·トリアス·デ·ベス)	POPLAR PUBLISHING （ポプラ社）	2004 年 6 月
5	《恨不得踹一脚》 (蹴りたい背中)	绵矢梨沙（綿矢りさ）	河出书房新社 （河出書房新社）	2003 年 8 月
6	《13 岁的工作指引》 (13 歳のハローワーク)	村上龙（村上龍）	幻冬社（幻冬舍）	2003 年 12 月
7	《川岛隆太教授锻炼大脑的成人朗读训练》 (川島隆太教授の脳を鍛える大人の音読ドリル) 《川岛隆太教授锻炼大脑的成人计算训练》 (川島隆太教授の脳を鍛える大人の計算ドリル)	川岛隆太（川島隆太）	KumonShuppan （くもん出版）	2003 年 11 月
8	《斩钉截铁！只用 5 分钟改变自己的想法》 (キッパリ! たった5分間で自分を変える方法)	上大冈登米（上大岡トメ）	幻冬社（幻冬舍）	2004 年 7 月
9	《马上就来见你》 (いま、会いにゆきます)	市川拓司	小学馆（小学馆）	2003 年 3 月
10	《新人间革命》第 12～13 卷 (新·人間革命 12·13)	池田大作	圣教新闻社 （聖教新聞社）	2004 年 3 月
2005 年				
1	《智者和愚者的说话方式》 (頭がいい人、悪い人の話し方)	樋口裕一	PHP 研究所	2004 年 7 月
2	《香峰子抄》 (香峯子抄)	池田香峰子口述，主妇之友社编著 (池田香峯子述 主婦の友社編著)	主妇之友社 （主婦の友社）	2005 年 1 月

续表

排名	书　名	作　者	出　版　社	出版时间
3	《卖晾衣竿的小卡车为什么不会破产?》 (さおだけ屋はなぜ潰れないのか?)	山田真哉	光文社	2005 年 2 月
4	《新人间革命》第 14 卷 (新・人間革命 14)	池田大作	圣教新闻社 (聖教新聞社)	2005 年 10 月
5	《个人信息保护至少需要了解这些》 (これだは知っておきたい個人情報保護)	冈村久道 铃木正朝 (岡村久道鈴木正朝)	日本经济新闻社 (日本経済新聞社)	2005 年 1 月
6	《还要继续生活下去》 (もっと、生きたい…)	Yoshi	Starts – Pub (スターツ出版)	2004 年 12 月
7	《电车男》 (電車男)	中野独人	新潮社	2005 年 5 月
8	《神秘之法》 (神秘の法)	大川隆法	幸福的科学出版 (幸福の科学出版)	2005 年 1 月
9	《有问题的日语》 (問題な日本語)	北原保雄编	大修馆书店 (大修館書店)	2004 年 12 月
10	《坏主意之书》 (ワルの知恵本)	门昌央、人生的智慧者研究会 (門昌央 人生の達人研究会)	河出书房新社 (河出書房新社)	2004 年 10 月
2006 年				
1	《国家的品格》(国家の品格)	藤原正彦	新潮社	2005 年 11 月
2	《哈利・波特与混血王子》 (ハリー・ポッターと謎のプリンス 上・下)	J. K. 罗琳 (J. K. ローリング)	静山社	2006 年 5 月
3	《东京塔》 (東京タワー)	中川 雅也 (リリー・フランキー)	扶桑社	2005 年 6 月
4	《铅笔描红〈奥之细道〉》 (えんぴつで奥の細道)	大迫闲步著 伊藤洋监修 (大迫閑歩書 伊藤洋監修)	POPLAR PUBLISHING (ポプラ社)	2006 年 11 月
5	《不生病的生活方式》 (病気にならない生き方)	新谷弘实 (新谷弘実)	Sunmark Publishing (サンマーク出版)	2005 年 7 月

排名	书　　　名	作　　者	出　版　社	出版时间
6	《人的外表占九成》 （人は見た目が9割）	竹内一郎	新潮社	2005 年 10 月
7	《新人间革命》第 15、16 卷 （新·人間革命 15·16）	池田大作	圣 教 新 闻 社 （聖教新聞社）	2006 年 2 月
8	《快乐的育儿法》第 1～3 卷 （子育てハッピーアドバイス 1～3）	明桥大二（明橋大二）	1 万年堂出版	2005 年 12 月
9	《镜子的法则》 （鏡の法則）	野口嘉则（野口嘉則）	综合法令出版 （総合法令出版）	2006 年 5 月
10	《背阴地开花》 （陰日向に咲く）	剧团一人（劇団ひとり）	幻冬社（幻冬舎）	2006 年 1 月
2007 年				
1	《女性的品格》 （女性の品格 装いから生き方まで）	坂东真理子（坂東眞理子）	PHP 研究所	2006 年 9 月
2	《无家可归的中学生》 （ホームレス中学生）	田村裕	WANI BOOKS（ワニブックス）	2007 年 8 月
3	《钝感力》（鈍感力）	渡边淳一（渡辺淳一）	集英社	2007 年 2 月
4	《日本人的规矩》 （日本人のしきたり）	饭仓晴武（飯倉晴武編著）	青春出版社	2003 年 1 月
5	《新人间革命》第 17 卷 （新·人間革命 17）	池田大作	圣 教 新 闻 社 （聖教新聞社）	2007 年 11 月
6	《田中宥久子的造脸按摩》 （田中宥久子の造顔マッサージ）	田中宥久子	讲谈社（講談社）	2006 年 12 月
7	《哈罗拜拜·关晓夫的都市传说——信不信由你》 （ハローバイバイ·関暁夫の都市伝説 信じるか信じないかはあなた次第）	关晓夫（関暁夫）	竹书房（竹書房）	2006 年 11 月
8	《口袋怪物 钻石和珍珠 正式全国大图鉴》 （ポケットモンスター ダイヤモンド·パール公式全国大図鑑）	Famitsu 书籍编辑部（ファミ通書籍編集部）	ENTERBRAIN（エンターブレイン）	2006 年 12 月
9	《口袋怪物 钻石和珍珠 正式全国图鉴完成指引》 （ポケットモンスター ダイヤモンド·パール公式ぜんこく図鑑完成ガイド）	元宫秀介、ONE－UP	MEDIA FACTORY（メディアファクトリー）	2006 年 12 月

排名	书 名	作 者	出 版 社	出版时间
10	《恋空 苦闷的爱情物证》上、下卷 （恋空 切ナイ恋物語 上 下）	美嘉	Starts - Pub（ス ターツ出版）	2006 年 10 月
2008 年				
1	《哈利·波特与死亡圣器》 （ハリー・ポッターと死の秘宝）	J. K. 罗琳（J. K. ローリング）	静山社	2008 年 7 月
2	《实现梦想的象》 （夢をかなえるゾウ）	水野敬也	飞鸟新社（飛 鳥新社）	2007 年 8 月
3	《B 型血的自我说明书》 （B 型自分の説明書）	Jamais	文艺社（文芸 社）	2007 年 9 月
4	《O 型血的自我说明书》 （O 型自分の説明書）	Jamais	文艺社（文芸 社）	2008 年 8 月
5	《A 型血的自我说明书》 （A 型自分の説明書）	Jamais	文艺社（文芸 社）	2008 年 4 月
6	《无家可归的中学生》 （ホームレス中学生）	田村 裕	WANI BOOKS （ワニブックス）	2007 年 8 月
7	《女性的品格》 （女性の品格 装いから生き方まで）	坂东真理子（坂 東眞理子）	PHP 研究所	2006 年 9 月
8	《父母的品格》 （親の品格）	坂东真理子（坂 東眞理子）	PHP 研究所	2007 年 12 月
9	《AB 型血的自我说明书》 （AB 型自分の説明書）	Jamais	文艺社（文芸 社）	2008 年 6 月
10	《运用大脑的学习法》 （脳を活かす勉強法 奇跡の「強化 学習」）	茂木健一郎	PHP 研究所	2007 年 12 月
2009 年				
1	《1Q84》第 1 部 （1Q84·1） 《1Q84》第 2 部 （1Q84·2）	村上春树（村上 春樹）	新潮社	2009 年 7 月
2	《看起来会读却读不出来的汉字》 （読めそうで読めない間違いやす い漢字誤読の定番から漢検 1 級クラスまで）	出口宗和	二见书房（二 見書房）	2008 年 2 月

排名	书　名	作　者	出 版 社	出版时间
3	《勇者斗恶龙 9 星空卫士大冒险游戏指南》（ドラゴンクエスト IX 星空の守り人 大冒険プレーヤーズガイド）	V JUMP 编辑部（V ジャンプ編集部）	集英社	2009 年 12 月
4	《新人间革命》第 20 卷（新・人間革命 20）	池田大作	圣 教 新 闻 社（聖教新聞社）	2009 年 10 月
5	《日本人不知道的日语》（日本人の知らない日本語）	蛇蔵 海野凪子	MEDIA FACTORY（メディアファクトリー）	2009 年 2 月
6	《潇洒自在的生活方式》（バンド1 本でやせる！巻くだけダイエット）	山本千寻（山本千尋）	幻冬社（幻冬舍）	2009 年 6 月
7	《一身便装的中居正广增刊号（闪耀）》（私服だらけの中居正広増刊号 ~ 輝いて ~）	中居正广（中居正広）	扶桑社	2009 年 8 月
8	《告白》（告白）	湊鼎（湊かなえ）	双叶社（双葉社）	2010 年 4 月
9	《只做"对大脑有好处"的事！》（脳にいいことだけをやりなさい！頭のいい人は「脳の使い方」がうまい！）	玛萨・席莫芙（マーシー・シャイモフ）	三笠书房（三笠書房）	2008 年 11 月
10	《体温升高有益健康》（体温を上げると健康になる！）	斎藤真嗣（齋藤真嗣）	Sunmark Publishing（サンマーク出版）	2009 年 03 月
2010 年				
1	《如果高中棒球队女经理读了德鲁克的〈管理〉》（もし高校野球の女子マネージャーがドラッカーの『マネジメント』を読んだら）	岩崎夏海	钻石社（ダイヤモンド社）	2009 年 12 月
2	《1Q84》第 3 部（1Q84・3）	村上春树（村上春樹）	新潮社	2010 年 5 月
3	《传达之力》（伝える力「話す」「書く」「聞く」能力が仕事を変える！）	池上彰	PHP 研究所	2008 年 5 月

排名	书 名	作 者	出 版 社	出版时间
4	《新人间革命》第 21～22 卷 （新・人間革命 21～22）	池田大作	圣教新闻社 （聖教新聞社）	2010 年 3 月
5	《创造之法》 （創造の法）	大川隆法	幸福的科学出版（幸福の科学出版）	2009 年 12 月
6	《永不气馁》 （くじけないで）	柴田丰（柴田卜ヨ）	飞鸟新社（飛鳥新社）	2010 年 3 月
7	《超译 尼采的言辞》 （超訳 ニーチェの言葉）	白取春彦	Discover 21（ディスカヴァー・トゥエンティワン）	2010 年 1 月
8	《从这里开始说正义》 （これからの「正義」の話をしよう）	迈克尔・桑德尔（マイケル・サンデル）	早川书房（早川書房）	2010 年 5 月
9	《管理（基本原则）》 （マネジメント（エッセンシャル版）	彼得・德鲁克(P.F・ドラッカ)	钻石社（ダイヤモンド社）	2001 年 12 月
10	《不知为耻的世界大问题》 （知らないと恥をかく世界の大問題）	池上彰	角川书店（角川 SS コミュニケーションズ）	2009 年 11 月
2011 年				
1	《解谜在晚餐后》 （謎解きはディナ-のあとで）	东川笃哉（東川篤哉）	小学馆（小学館）	2010 年 9 月
2	《内心的整理》 （心を整える）	长谷部诚（長谷部誠）	幻冬社（幻冬舎）	2011 年 3 月
3	《如果高中棒球队女经理读了德鲁克的〈管理〉》 （もし高校野球の女子マネージャーがドラッカーの『マネジメント』を読んだら）	岩崎夏海	钻石社（ダイヤモンド社）	2009 年 12 月
4	《人生渴望有整理的魔法》 （人生がときめく片づけの魔法）	近藤麻理惠	Sunmark Publishing（サンマーク出版）	2010 年 12 月
5	《蜉蝣》 （KAGEROU）	斎藤智裕（齋藤智裕）	POPLAR PUBLISHING（ポプラ社）	2010 年 12 月

续表

排名	书　　名	作　　者	出　版　社	出版时间
6	《救世之法》 （救世の法）	大川隆法	幸福的科学出版（幸福の科学出版）	2010 年 12 月
7	《永不气馁》 （くじけないで）	柴田丰（柴田卜ヨ）	飞鸟新社（飛鳥新社）	2010 年 3 月
8	《解谜在晚餐后》第 2 卷 （謎解きはディナ‐のあとで2）	东川笃哉（東川篤哉）	小学馆（小学館）	2011 年 11 月
9	《老年的智慧》 （老いの才覚）	曾野绫子（曽野綾子）	KK‐BestSellers（ベストセラーズ）	2010 年 9 月
10	《新人间革命》第 23 卷 （新·人間革命 23）	池田大作	圣教新闻社（聖教新聞社）	2011 年 11 月

资料来源：根据日本出版科学研究所主编《2012 年出版指标年报》翻译编排。

后　记

　　本书主要围绕中日图书出版业的现状、比较及交流这三个方面展开。在现状的介绍中，通过对中日两国图书出版的历史线条的简单梳理，叙述日本图书出版业"崩"而不"溃"的现状以及国内图书出版业在"最为美好的时代"所面临的严峻挑战。而在比较中，则通过对中日两国图书出版业在编辑地位、版权输出、市场营销、电子出版以及未来走向等具体领域的比较分析，描绘出两国图书出版业在各个领域间的不同区分以及彼此间各自努力的方向。至于出版交流，自21世纪以来，即便是面对两国政府间关系不断出现的"冰点"，两国间的出版人依然努力地推出东亚出版人会议、"阅读日本书系"这样的出版策划，以期通过民间文化的交流方式，来超越政府间意识形态领域所存在的障碍。

　　作为一个加入图书出版业不足五年的新人，之所以胆敢触碰中日图书出版比较这样的课题，只是因为在留日期间，曾以作者的身份在日本的出版社出版了若干部作品，因而对日本出版社的结构与出版流程有所了解；而在回国之后，又以编辑的身份就职于国内的大学出版社，由此也熟悉了国内出版社的结构与出版流程。正因为有了这么一个从作者到编辑的身份转换，兼之目前又专门从事中日图书出版的合作与交流事务，所以才会将关注的目光放到中日图书出版的比较与交流上，以期从过去的轨迹走向中，梳理出两国今后图书出版合作与交流的模式。

本书之所以能够面世，首先要感谢笹川财团日中友好基金于展室长以及社会科学文献出版社杨群总编辑，他们在本书选题策划时所给予的指导令我受益匪浅。与此同时，也要感谢新星出版社谢刚社长及褚盟主任、日本笹川财团玉腰辰己研究员、东京外国语大学出版社竹中龙太副总编辑以及社会科学文献出版社胡亮、梁力匀老师，他们为本书的写作提供了"午夜文库"目录、东亚出版人会议资料以及"阅读日本书系"联合编辑委员会会议纪要等众多未公开面世的资料，令本书增色许多。此外，还要感谢笹川财团以及社会科学文献出版社为本书的出版所提供的资助，感谢笹川财团将本书列选为中日出版文化交流的年度报告。最后，也衷心感谢责编宋荣欣老师为本书的出版所付出的辛勤劳动。

田　雁

2013 年 11 月 22 日

图书在版编目（CIP）数据

图书出版产业之中日比较/田雁著. —北京：社会科学文献
出版社，2014.1
ISBN 978 - 7 - 5097 - 5523 - 5

Ⅰ.①图…　Ⅱ.①田…　Ⅲ.①图书出版 - 出版事业 - 对比
研究 - 中国、日本　Ⅳ.①G239.2 ②G239.313

中国版本图书馆 CIP 数据核字（2013）第 316742 号

图书出版产业之中日比较

著　者/田　雁

出 版 人/谢寿光
出 版 者/社会科学文献出版社
地　　址/北京市西城区北三环中路甲29号院3号楼华龙大厦
邮政编码/100029

责任部门/近代史编辑室（010）59367256　　　　责任编辑/宋荣欣
电子信箱/jxd@ ssap. cn　　　　　　　　　　　责任校对/李学辉
项目统筹/宋荣欣　　　　　　　　　　　　　　责任印制/岳　阳
经　　销/社会科学文献出版社市场营销中心（010）59367081　59367089
读者服务/读者服务中心（010）59367028

印　　装/三河市尚艺印装有限公司
开　　本/787mm×1092mm　1/20　　　　　　印　张/11.6
版　　次/2014 年 1 月第 1 版　　　　　　　　字　数/196 千字
印　　次/2014 年 1 月第 1 次印刷
书　　号/ISBN 978 - 7 - 5097 - 5523 - 5
定　　价/45.00 元